AF727195

KAMPENWAND
VERLAG

ISBN: 978-3986601409

© 2024 Kampenwand Verlag
Raiffeisenstr. 4 · D-83377 Vachendorf
www.kampenwand-verlag.de

Versand & Vertrieb durch Nova MD GmbH
www.novamd.de · bestellung@novamd.de · +49 (0) 861 166 17 27

Text: Inka Baroni
Bilder: Matthias Baroni, www.matthias-baroni.de
Shutterstock: Sebastian Delgado C
Alle Texte und Bilder sind urheberrechtlich geschützt.
Abdruck, selbst passagenweise, nur mit vorheriger Genehmigung der Autoren.
Druck: FINIDR, s.r.o. . Lípová 1965, 737 01 Český Těšín, Česká republika

INKA & MATTHIAS BARONI

Rolling Kitchen

Rolling Kitchen

Auf kleinem Raum vegan kochen

Inhalt

DIE WELT WARTET DRAUSSEN AUF SIE,
VERPASSEN SIE SIE NICHT, SIE IST WUNDERVOLL.

Vanlife

Beim Vanlife geht es nicht nur um die Urlaube, die man macht. Vanlife ist ein Lebensstil, den man das ganze Jahr über genießt. Früher waren wir meistens nur in der Urlaubszeit unterwegs und unternahmen gelegentlich Tagesausflüge an Wochenenden, bei denen wir abends wieder nach Hause mussten. Doch seitdem wir unseren Campingbus haben, können wir uns jeden Freitagnachmittag auf den Weg machen und erst am Sonntag zurückkehren. Es geht nicht darum, Hunderte von Kilometern in die Ferne zu fahren. Das Wichtigste ist, dass wir raus in die Natur kommen. Manchmal erreichen wir unser Wochenendziel bereits nach einer Stunde. So verbringen wir viel intensivere Zeit miteinander. Egal, ob wir aktiv sind und wandern oder ob wir einfach im Bett kuscheln, lesen und entspannen, während wir dem Vogelgezwitscher lauschen – wir sind immer von der Schönheit der Natur umgeben. Und wenn uns ein Ort nicht gefällt, fahren wir einfach weiter, bis wir den perfekten Ort gefunden haben. Wenn wir eine Sehenswürdigkeit besichtigen möchten, sind wir in der Regel bereits am Vorabend vor Ort und können den Tag ohne die Hektik der Anreise genießen.

Auch bei längeren Urlauben bleiben wir flexibel. Für uns beginnt der Urlaub bereits bei der Anreise, nicht erst am Ziel. Wir fahren so lange, wie wir Lust haben, und wenn wir müde sind, suchen wir uns einen Stellplatz und entspannen. Da wir oft nur für ein paar Tage an einem bestimmten Platz bleiben und dann weiterfahren, sehen wir viel mehr vom Land. Wir bestimmen unseren eigenen Rhythmus und können die Freiheit des Vanlifes in vollen Zügen genießen.

Einleitung

WIE ALLES BEGANN

Vor ein paar Jahren bekam ich eine Herzmuskelentzündung und hatte danach täglich Beschwerden, die mich in meinem Leben stark einschränkten. Beim Treppensteigen und beim Spazierengehen kämpfte ich sehr oft mit Atemnot. Aber auch ohne anstrengenden Tätigkeiten hatte ich regelmäßig Herzrhythmusstörungen, die mir Angst machten. Meinen Job erledigte ich nur mit großer Anstrengung und nach der Arbeit legte ich mich meistens sofort auf die Couch. Das ging monatelang so und es wurde einfach nicht besser. Mein Arzt wollte mir schließlich Medikamente verschreiben, die ich dauerhaft einnehmen sollte. Das bereitete mir großes Unbehagen. Mit Mitte 30 schon regelmäßig Medikamente?

Das war für mich der Anstoß, erst einmal herauszufinden, was ich selbst für meine Gesundheit tun kann, und so stolperte ich bei meinen Recherchen ständig über Bücher und Berichte, die Herzprobleme in Verbindung mit tierischen Lebensmitteln brachten. Vegetarierin war ich schon, aber ich verzehrte noch Käse, Sahne, Milchprodukte und Eier.

Zuerst war ich skeptisch, startete aber aus Neugier einen 4-wöchigen Selbstversuch und verzichtete dabei auf alle tierischen Lebensmittel. Und was soll ich sagen: Ich hatte wieder mehr Power und die Herzrhythmusstörungen wurden rasch besser. Ich war begeistert von den Auswirkungen auf meine Gesundheit, aber auch von der Fülle an neuen Lebensmitteln, die ich neu für mich entdeckt hatte.

Eine neue Welt hatte sich aufgetan und ich fand für mich einen Weg, der es mir ermöglichte, ohne Medikamente ein beschwerdefreies Leben zu führen.

Ich bin keine Medizinerin und will nicht behaupten, dass mein Weg für alle Menschen funktioniert – es gibt sicher Menschen, die unbedingt Medikamente nehmen müssen –, aber bei mir war die Ernährung für meine Gesundheit ausschlaggebend.

Seither habe ich eine Leidenschaft für vegane Rezepte entwickelt und war nicht mehr zur bremsen. Ich kreiere ständig neue Rezepte und teile diese gerne mit Freunden und in meinem Blog. (www.genuss-nomaden.de)

Vegan ist für mich kein Trend. Ich sehe die Welt seither mit anderen Augen. Ich bin viel bewusster im Umgang mit Tieren, mit der Natur und meinem Körper. Und das erfüllt mich mit großer Dankbarkeit.

Diese Reise hat mir gezeigt, dass wir vieles selbst in der Hand haben und selbst Verantwortung für unsere Gesundheit und unser Leben übernehmen können – und das ist doch wunderbar.

Folgenden Satz hat wohl schon Hippokrates gesagt und ist nun auch mein Motto:

„LASS DIE NAHRUNG DEINE
MEDIZIN SEIN UND MEDIZIN DEINE NAHRUNG!"

Hippokrates von Kos

THULE Omnistor

Über dieses Buch

WAS SIE VON DIESEM BUCH ERWARTEN KÖNNEN

Dieses Buch ist für alle, die leckeres Essen schätzen, es aber einfach und unkompliziert mögen. Mir war es wichtig Rezepte zu kreieren, die man gerne zu Hause kocht, aber auch unterwegs im Wohnmobil nachkochen kann. Gute Rezepte brauchen auch keine ausgefallenen Lebensmittel. Kochen soll Spaß machen und entspannen. Darüber hinaus gebe ich Ihnen Tipps, was Sie in Ihren Wanderrucksack packen können und inspiriere Sie mit leckeren Picknick-Ideen. In diesem Buch geht es nämlich nicht „nur" um gutes Essen, es geht um die Lebensfreude, die man im Grünen findet, und um die Lust am Reisen und wie man diese Dinge mit leckerem Essen verbindet. Also, packen Sie Ihren Rucksack und suchen Sie sich ein Plätzchen in der Natur, dort schmeckt das Essen doppelt so lecker.

IST DIESES BUCH NUR FÜR VEGANER*INNEN GEEIGNET?

Natürlich nicht. Aber da Sie dieses Buch in den Händen halten, sind Sie offen für die vegane Küche. Wie gesagt, Essen sollte Spaß machen und kein Zwang sein. Die meisten von uns sind mit Fleisch und Milchprodukten aufgewachsen. Uns wurde immer vermittelt, dass dies gesund und normal sei. Erst in den letzten Jahren gibt es neue Erkenntnisse und viele tolle Bücher, die von den Vorteilen einer rein pflanzlichen Ernährung berichten.

Wenn Sie Ihre Ernährung nicht gleich zu 100 % auf pflanzlich umstellen möchten, ist das völlig in Ordnung. Wir Menschen halten gerne an unseren Gewohnheiten fest. Versuchen Sie einfach mal, zwei rein pflanzliche Tage in der Woche einzuplanen und beobachten Sie, wie es Ihnen damit geht. Und wenn es Ihnen danach ist, erhöhen Sie die veganen Tage. Jeder, wie er mag, und jeder in seinem Tempo. Jede vegane Mahlzeit zählt.

IST VEGAN KOMPLIZIERT?

Heute nicht mehr. Immer mehr Lebensmittelkonzerne bieten vegane Alternativen an, die den Umstieg auf Vegan vereinfachen. Auch viele Restaurants haben sich darauf eingestellt und haben mindestens ein veganes Gericht auf der Karte. Somit muss man auch nicht auf ein geselliges Zusammensein mit Freunden verzichten. Beim Kochen ist man als Anfänger*in vielleicht etwas ideenlos. Daher sollte man sich einfach mit ein paar veganen Büchern eindecken und sich vielleicht in den sozialen Netzwerken mit veganen Gruppen austauschen, dann klappt es immer besser. Und irgendwann hat man sich eingegroovt und veganisiert nach und nach seine Lieblingsrezepte.

Auch ein Blick auf andere Länderküchen kann neue Inspirationen bieten. In Asien wird statt mit Sahne häufig mit Kokosmilch gekocht. Italien bietet viele leckere Rezepte mit frischem Gemüse. Und statt Butter wird oft feines Olivenöl verwendet, das sich übrigens auch positiv auf das Herz auswirken soll. Seien Sie offen und entdecken Sie die vegane Welt mit Freude, dann macht das Kochen richtig Spaß.

VEGAN IN DER PARTNERSCHAFT

Das ist ein sensibles Thema. Wenn man vegan isst und die Partnerin oder der Partner nicht, könnte es zu Konflikten kommen. Hier sollte man feinfühlig sein. Kein Mensch will sich etwas aufdrängen lassen. Ich würde in so einem Fall vegan kochen, da auch in der Mischkost rein pflanzliche Lebensmittel vorkommen ;-) und meinen Partner einfach bitten, sich sein Fleisch selbst zuzubereiten. Das vegane Essen könnte er mit dem Fleisch kombinieren. Vielleicht öffnet sich dann der Partner oder die Partnerin von alleine und isst weniger Fleisch, wenn er oder sie feststellt, wie lecker vegan sein kann. Ohne Druck erreicht man oft mehr.

Über uns

Hallo! Wir sind Inka, Matthias und Noel. Matthias und ich kennen uns seit 2007 und sind seitdem auch ein Paar. Uns verbinden zwei ganz große Leidenschaften: das Reisen und der Hang zu leckerem Essen. Und am schönsten ist es, wenn wir beides verbinden können. Wir sind beide sehr offen für andere Kulturen und lassen uns gerne inspirieren. Matthias ist Fotograf und liebt es, tolle Momente für die Ewigkeit einzufangen, und mich beeinflussen diese Eindrücke in der Küche und in meinem Beruf als Mediendesignerin.

Ich lebe seit 2013 vegan und experimentiere seither mit veganen Rezepten. Dabei ist ein Blog (www.genuss-nomaden.de) entstanden und das Kochbuch „Messer, Gabel, Stift – Abenteuer VEGAN", welches ich mit meiner Kollegin Simone Meyer kreiert habe. In diesem Buch beschreiben wir unsere veganen Anfänge.

2017 wurde Matthias' und mein Glück vervollständigt, als unser Sohn Noel auf die Welt kam. Und wer denkt, mit Kind ist Reisen anstrengend und nicht mehr machbar, der irrt. Wir haben uns von Anfang an nicht gescheut, mit einem kleinen Baby zu reisen. Wir haben es einfach getan. Und was soll ich sagen: Noel ist das Reisen gewöhnt und liebt es wie wir. Als Noel sechs Monate alt war, hat mir sein Papa in der Provence einen Antrag gemacht und wir haben 2018 geheiratet.

2022 haben wir uns einen weiteren großen Traum erfüllt und uns ein Wohnmobil zugelegt. Zuvor haben wir öfter ein Wohnmobil gemietet, um herauszufinden, ob das mit Kind gut funktioniert. Und das hat es. Nun sind wir noch flexibler, können Beruf und Leidenschaft vereinen. Und nun sind wir hier. Ich habe wieder Feuer gefangen und im Rezeptfieber dieses Buch erstellt und meine Männer haben mich dabei immer unterstützt. Sie waren meine Kritiker und Tipp-Geber und Matthias hat alles in Bildern festgehalten und dokumentiert. Schön, dass Sie uns dabei ein Stück begleiten!

INKA, MATTHIAS & NOEL

Ausstattung

WAS SIE ALLES BRAUCHEN ...

Leckere Rezepte müssen nicht immer aufwändig sein. In diesem Buch habe ich bewusst auf großes Equipment verzichtet, damit Sie die Rezepte auch im Wohnmobil gut nachkochen können. Die meisten Gerichte kommen mit den Standardutensilien wie scharfes Messer, Schneidebrett, Topf und Pfanne aus. In ganz wenigen Rezepten braucht man einen Pürierstab.

Neben den Symbolen für die Ausstattung finden Sie zu jedem Rezept auch eine Uhr, die den groben Zeitaufwand angibt. Die Zeit bezieht sich auf die Zubereitungszeit, Ruhezeiten sind nicht mitgerechnet. Wenn ein Rezept nur eine Uhr zeigt, werden weder Topf, Pfanne noch ein Pürierstab benötigt.

Außerdem kommen alle Rezepte ohne Backofen aus, da nicht alle Wohnmobile über einen verfügen. Man benötigt auch keine Waage oder einen Messbecher. Die Zutaten werden mit Esslöffeln oder Tassen abgemessen.

Damit Sie auf den ersten Blick erkennen, welches Equipment Sie für das jeweilige Rezept benötigen, habe ich die Rezepte mit den Symbolen gekennzeichnet, die auf der rechten Seite abgebildet sind.

Für Grundausstattung wie Messer, Schüsseln, Besteck, Kochlöffel, Pfannenwender usw. wird keine Symbolik verwendet.

Die Rezepte sind schnell, unkompliziert und lecker und eignen sich super für unterwegs, aber auch für zu Hause.

DANN KANN ES JA LOSGEHEN! VIEL SPASS BEIM NACHKOCHEN.

TOPF

BESCHICHTETE PFANNE

PÜRIERSTAB
in ganz wenigen Rezepten

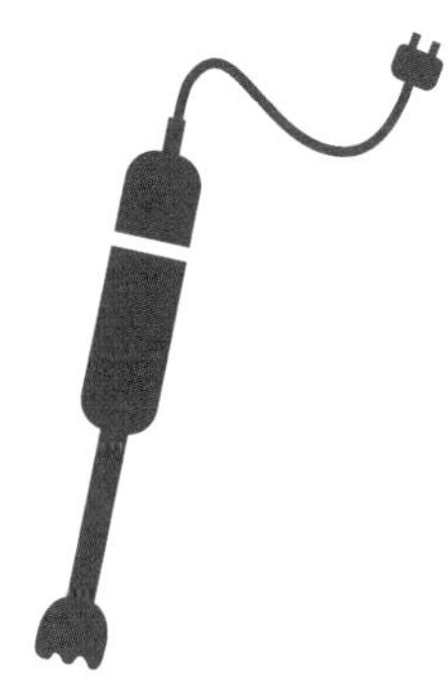

ZUBEREITUNGSZEIT
ohne Ruhezeit

Kleine Helfer für mehr...

RAUCHSALZ

Ich liebe Rauchsalz. Wer es in der Küche deftig mag, muss sich unbedingt Rauchsalz zulegen. Ich empfehle dänisches Buchenrauchsalz mit Meersalz (grob), kaltgeräuchert. Es gibt viele Sorten, dieses schmeckt am intensivsten. Es eignet sich für alle Speisen, welche man früher mit Speck verfeinert hat. So muss man auf nichts verzichten und hat trotzdem diesen wunderbaren, rustikalen Geschmack.

KALA NAMAK

Kala Namak ist ein Salz, das in der indischen Küche gerne verwendet wird. Durch seinen schwefeligen Geschmack erinnert das Salz an Eier und verleiht jedem Gericht eine feine Note. Es eignet sich ganz wunderbar für Rührtofu, weil es dem Gericht die typische Ei-Note verleiht, an das es erinnern soll. Das Salz verwandelt aber auch ein einfaches Avocadobrot in ein Highlight.

HEFEFLOCKEN

Diese Flocken dürfen in der veganen Küche nicht fehlen. Sie verleihen den Gerichten eine käsige Note und verstärkt den Geschmack von herzhaften Speisen. Sie sind toll für Dips, Soßen, Pizzen und Aufläufe.

CASHEWMUS

Cashewnüsse sind ganz wunderbar geeignet für die vegane Küche. Sie sind recht geschmacksneutral und haben zubereitet einen sahnigen Geschmack. Zu Hause mixe ich die Kerne einfach mit Wasser in meinem Hochleistungsmixer und stelle damit cremige Soßen, Aufstriche und Dips her. Unterwegs verwende ich Cashewmus, da man keinen Mixer benötigt. Mit dem Mus kann man Soßen eindicken, Dips herstellen und käsige Cremes zaubern. Inzwischen gibt es alle möglichen Nussmus-Sorten, das Cashewmus ist jedoch am neutralsten.

CHIASAMEN

Chiasamen stammen von einer mexikanischen Wüstenpflanze und sind ganz vielseitige kleine Körnchen. Sie quellen ganz stark und können Zutaten gut zusammenbinden. Man kann sie beim Backen als Ei-Ersatz verwenden, da sie im gequollenen Zustand eine ähnliche Konsistenz wie Eier haben. Aber auch für Süßspeisen und Müslis eignen sie sich hervorragend.Außerdem sind sie ein guter Omega-3-Fettsäure-Lieferant.

GEWÜRZPASTEN

Mit Gewürzpasten kann man ganz leicht Gerichten einen intensiven Geschmack verleihen und man benötigt nicht noch viele weitere exotische Gewürze, daher eignen sie sich ganz toll für unterwegs. Currypaste und Harissapaste vervollständigen daher meine Gewürze.

„Wow"

Vegane Nährstoff-Quellen

GEMÜSE

Gemüse ist ein wahrer Segen. Es versorgt uns mit Vitaminen, Mineralien, Ballaststoffen und sekundäre Pflanzenstoffen.

Bei Gemüse kann man richtig zugreifen und viel Essen ohne Reue, da Gemüse wenig Zucker und Kalorien enthält.

Je abwechslungsreicher und bunter man Gemüse in seinen Speiseplan einbaut, je bunter ist die Nährstoffpalette die unseren Körper versorgt.

GETREIDE

Getreide enthält Kohlenhydrate, Eiweiß, Mineralien, Ballaststoffe und etwas Fett, die Inhaltsstoffe variieren je Sorte.

Getreide ist ein richtiger Sattmacher und ist in vielen Sorten und Verarbeitungsformen wie zum Beispiel als Brot, Nudeln und Teigwaren verfügbar. Am gesündesten sind Vollkornprodukte.

OBST

Obst enthält neben Ballaststoffen, Vitaminen und Mineralstoffen auch Kohlenhydrate.

Da die meisten Sorten süß und lecker sind, kann man mit Obst den Heißhunger auf ungesunde Süßigkeiten reduzieren.

Beeren zum Beispiel sind richtige Kraftpakete. In ihnen sind Antioxidantien, die uns gegen freie Radikale schützen und sie sind Ballaststoffreich.

Übrigens: Ballaststoffe wirken sich positiv auf die Darmflora aus.

KRÄUTER

Kräuter machen unsere Speisen noch schmackhafter und nährstoffreicher, daher sollte man auf sie auf keinen Fall verzichten.

Spurenelemente und Mineralstoffe wie Magnesium, Kalium, Eisen und Kalzium findet man reichlich in nahezu allen Kräutern.

Kräuter werden häufig unterschätzt, obwohl sie mehr Nährstoffe haben als Salat.

HÜLSENFRÜCHTE

Wo bekommt ein Veganer sein Eiweiß her?
Ja genau, aus Hülsenfrüchten.

Sie sind reich an Eiweiß und liefern wertvolle Vitamine, Ballaststoffe und Mineralstoffe. Es gibt sie in zahlreichen Sorten, daher ist für jeden Geschmack etwas dabei. Sie sättigen sehr gut und sind eine tolle Alternative zu Fleischprodukten. Man kann sie zum Beispiel super als Bratlinge verarbeiten aber sie schmecken auch hervorragend in Eintöpfen, Currys und in Salaten.

Übrigens: Tofu besteht aus Sojabohnen, das sind ebenso Hülsenfrüchte.

FERMENTIERTE LEBENSMITTEL

Fermentierte Lebensmittel sind gut für die Darmgesundheit und stärken das Immunsystem. Das Wachstum von „schlechten" Bakterien wird gehemmt aber das Wachstum guter Darmbakterien wird gefördert. Eine gesunde Darmflora beugt vielen Krankheiten vor.

Daher sollte man fermentierte Lebensmittel wie zum Beispiel Kimchi, eingelegte Gurken, Sauerkraut und Kombucha in seinen Speiseplan einbauen.

GESUNDE ÖLE

Unser Körper benötigt natürlich auch Fett. Und hier sind gesunde Öle ideal. Am besten sind native beziehungsweise kalt gepresste Öle. Durch die schonende Herstellung bleiben viele Geschmacksstoffe, Vitamine und die als gesund geltenden mehrfach ungesättigten Fettsäuren erhalten.

Beim Braten sollte man allerdings ein passendes Öl wählen, da beim Erhitzen Inhaltsstoffe verloren gehen.

Vorsicht bei Transfetten. Sie sind stark industriell verarbeitet und sollten eher selten konsumiert werden.

NÜSSE & SAMEN

Nüsse sind eine leckere Ergänzung für eine gesunde Ernährung. Sie liefern hauptsächlich einfach und mehrfach ungesättigte Fettsäuren, die gut für das Herz sind und sich günstig auf die Blutfettwerte auswirken können.

Nüsse sind hervorragende Energielieferanten und unterstützen die Leistungsfähigkeit unseres Gehirns.

Außerdem enthalten sie Mineralstoffe, Ballaststoffe und Vitamine sowie Kalium, Natrium, Magnesium und Phosphor.

Einkaufsliste

SO IST KOCHEN ENTSPANNT...

Wenn man auf seine Ernährung achte und nicht einfach unkontrolliert irgendwas essen möchte, ist es einfacher, wenn man sich einen kleinen Vorrat anlegt. Das gilt für zu Hause aber auch unterwegs. Ich habe hier eine kleine Übersicht zusammen gestellt, welche Zutaten man zu Hause oder im Wohnmobil haben sollte und ein paar Tipps (auf Seite 32 - 33) welche Rezepte man damit immer spontan kochen kann. Die Zutaten können natürlich nach Gusto variieren.

HALTBARER VORRAT

(Was man immer zu Hause oder im Wohnmobil haben sollte)

Reis
Nudeln
Reiswaffeln
Mehl
Haferflocken
rote Linsen (10 min Garzeit)
Zwiebeln
Knoblauch
Tomatenmark
passierte Tomaten
getrocknete Tomaten in Öl

Kidneybohnen (Dose oder Glas)
Mais (Dose oder Glas)
braune Linsen (Dose oder Glas)
Kichererbsen (Dose oder Glas)
Kokosmilch
Pflanzendrink
Sojasahne
Cashewkerne
Walnüsse
Sonnenblumenkerne
Nussmus (Lieblingssorten)

Gewürze
(Paprika, Salz, Pfeffer, Muskat, Curry, Zimt)
Currypaste, Harissapaste
dänisches Rauchsalz
(riecht wie Schinken)
Kala Namk (geschwefeltes Salz, erinnert an Ei)
Hefeflocken (käsiger Geschmack)
Bio-Gemüsebrühenpulver
Essig, Öl
Ahornsirup
Sojasoße
Senf

WÖCHENTLICH FRISCH DAZUKAUFEN:

Gemüse und Obst der Saison.
Bei mir sind immer Möhren und Sellerie dabei, weil sie in Soßen und Suppen gut schmecken, den Rest kaufe ich nach Laune.

Spontane Kochideen mit dem Vorrat

Auf dieser Doppelseite finden Sie einige Ideen, wie Sie mit den Zutaten von der Einkaufsliste auf Seite 30 spontan köstliche Gerichte zaubern können.

HAFERBREI:

Haferflocken
1 reife Banane
Pflanzendrink
Zimt

Optional:
Obst für das Topping

NUDELN ODER REIS MIT NUSSHACK:

Reis oder Nudeln
Zwiebel
Walnüsse
getrocknete Tomaten in Öl
Tomatenmark
Möhre
grüner Stangensellerie

REISBOWL MIT ERDNUSSBUTTERDRESSING:

Reis
Gemüse- und Salatreste
Zwiebel
Erdnussbutter
Sojasoße
Balsamicoessig
etwas Wasser

5-MINUTEN-SALAT:

Kichererbsen (Dose)
Mais (Dose)
Salatgurke
Tomaten
Oliven
Apfel
Zwiebel
etwas Petersilie
Balsamicoessig
Olivenöl

LINSENCURRY:

Rote Linsen
Zwiebel
Möhre
grüner Stangensellerie
Gemüsereste (was der Kühlschrank hergibt)
gelbe Currypaste
Sojasoße
Kokosmilch

VEGANES METT:

Reiswaffeln
Wasser
1 Zwiebel
Tomatenmark
dänisches Rauchsalz
Pfeffer
Paprikapulver
Majoran
Olivenöl
Petersilie

ASIA-NUDELSALAT:

Mie Nudeln o. normale Nudeln
Öl, Balsamicoessig
Sojasoße
Curry
Agavendicksaft
rote Paprika
Möhre
Zwiebel
gesalzene Erdnüsse
TK-Erbsen
etwas Petersilie

CHILI SIN CARNE:

Kidneybohnen (Dose)
Mais (Dose)
Zwiebel
Walnüsse für Nusshack
getrocknete Tomaten in Öl
Tomatenmark
passierte Tomaten
Rauchsalz
Gewürze

KOKOSMILCHREIS:

Reis
Kokosmilch
Wasser
Ahornsirup
Zimt

Optional:
Obst für das Topping

150
MultiJet

Früh

Stück

Erdbeer-Vanille-Overnight-Oats

PRO PERSON

Zutaten
4 EL kernige Haferflocken
1 EL Chiasamen
10 Erdbeeren
2 EL Ahornsirup
1 TL Vanilleextrakt
3/4 Tasse Mandeldrink

Tasse = 250 ml

Den Pürierstab braucht man nicht zwingend

ZUBEREITUNG

Zuerst den Mandeldrink mit 5 Erdbeeren, dem Ahornsirup und dem Vanilleextrakt in ein hohes Gefäß geben und mit dem Pürierstab gut durchpürieren. Wenn man keinen Pürierstab hat, kann man die Zutaten in eine Schale geben und mit einer Gabel zerdrücken. Kleine Stückchen im Mandeldrink sind nicht schlimm.

Dann die Haferflocken und die Chiasamen in eine Schale geben und gut verrühren, danach mit dem Erdbeerdrink übergießen und nochmal gut verrühren. Nach 1 Stunde nochmal umrühren, damit die Chiasamen nicht verkleben und dann das Ganze über Nacht kühl stellen.

Am nächsten Morgen die restlichen Erdbeeren kleinschneiden und als Topping darüber geben.

TIPP

Man kann das Obst und die Geschmacksrichtung beliebig variieren.
Zum Beispiel:
Banane-Schoko
Banane-Erdnussbutter
Apfel-Zimt
Mango mit Orangenabrieb
Blaubeer-Kokos
Bunte Obstmischung mit Nüssen und Samen, u.s.w.

Obstsalat mit Pfannen-Granola

FÜR ZWEI PERSONEN

Zutaten
Für das Crumble
4 EL Haferflocken
3/4 Tasse Walnüsse
4 EL Ahornsirup
Prise Zimt

Tasse = 250 ml

Zutaten
Für den Obstsalat
1 Banane
1 Apfel
1 Handvoll Heidelbeeren
4 Erdbeeren
oder Obst nach Wunsch
2 – 3 EL Rosinen
1 Spritzer Zitronensaft
1 – 2 EL Ahornsirup (oder nach Süßewunsch)

ZUBEREITUNG

Für das Crumble die Nüsse in einen Frischhaltebeutel geben oder in ein Geschirrtuch einwickeln und grob mit einem schweren Gegenstand zerstoßen. Dann die zerstoßenen Nüsse zusammen mit den Haferflocken in einer Pfanne ohne Öl rösten bis feine Röstaromen entstehen. Nun den Ahornsirup unterrühren und noch etwas weiter rösten. Ganz zum Schluss erst den Zimt darüber streuen, damit er nicht verbrennt. Zum Auskühlen auf einem großen Teller luftig verteilen damit es knusprig wird. Wenn das Crumble zu dicht liegt, einen zweiten Teller dazunehmen.

Dann das Obst für den Obstsalat schnippeln, Rosinen unterheben und mit Zitronensaft und Ahornsirup abschmecken. Das Hafer-Nuss-Crumble erst kurz vor dem Verzehr über den Obstsalat streuen, damit es schön knusprig bleibt.

TIPP

Das Pfannen-Granola kann man auch einfach so knabbern oder als knuspriges Topping über Haferflocken streuen. Man kann viele Süßspeisen damit verfeinern als gesunden Crunch.

Banana-Split-Joghurt

PRO PERSON

Zutaten
6 EL Kokosjoghurt
2 - 3 EL Ahornsirup
1 Banane
2 EL geröstete und gesalzene Erdnüsse
2 - 3 EL gepufftes Amaranth

Zutaten
Für die Schokosoße
1 guter EL Erdnussbutter
3 EL Ahornsirup
1 guter TL Kakao
1 EL Kokosöl
4 EL Haferdrink

ZUBEREITUNG

Zuerst die Schokosoße herstellen. Hierfür alle Zutaten in eine Schale geben und solange verrühren, bis die Masse glatt ist und glänzt.

Dann den Kokosjoghurt in eine Schale geben und mit 2 - 3 EL Ahornsirup süßen und gut verrühren. Dann eine Banane schälen und in Scheiben schneiden.

Nun Erdnüsse in einen Frischhaltebeutel geben und mit einer Tasse grob zerstoßen. Jetzt kann man alles Schichten. Da die Menge variiert je nachdem wie gehäuft die Esslöffel sind und je nach Bananengröße würde ich als Behältnis sicherheitshalber eine Müslischüssel nehmen oder ein großes Glas. Jetzt als erstes 3 EL gesüßten Kokosjoghurt reingeben, dann die Hälfte der Bananen und die Hälfte der Nüsse darüberstreuen. Als Viertes kommt die Hälfte der Schokosoße darüber und anschließend 2 - 3 EL gepufftes Amaranth. Nun den restlichen Kokosjoghurt, dann die restlichen Bananen, Erdnüsse und die Restliche Schokosoße. Man kann den Banana-Split-Joghurt gleich genießen oder noch etwas kaltstellen, dann wird die Schokosoße noch etwas fester.

TIPP

Wer eine Erdnussallergie hat, kann die Erdnussbutter durch Cashewmus ersetzen und die Erdnüsse durch Walnüsse, Pekanüsse oder andere Nüsse ersetzen.

Rührtofu nach Rührei-Art

FÜR ZWEI PERSONEN

Zutaten
1 ganzer Block
Naturtofu (200 g)
1 Zwiebel
3 EL Öl
0,5 – 1 Päckchen
Sojasahne
nach Konsistenzwunsch
(Kochcreme 250 g Pack)
1 TL Cashewmus
1/2 TL Kala Namak
(indisches Schwefelsalz,
schmeckt nach Ei)
1 TL Sojasoße
1/2 TL Kurkuma
Prise Muskat
Prise Pfeffer
etwas gehackte Petersilie

ZUBEREITUNG

Als Erstes die Zwiebel schälen und in feine Würfel schneiden. Dann den Naturtofu in einen Teller legen und ihn mit einer Gabel gut zerdrücken, dass schöne Brösel entstehen.

Dann Öl in einer Pfanne erhitzen und die Zwiebelwürfel darin goldbraun anbraten. Dann die Tofubrösel dazugeben und noch kurz weiterbraten. Jetzt kommt es darauf an wie man seinen Rührtofu mag. Wer es cremig auf Toast mag, kann die Sojasahne komplett darübergießen und das Cashewmus einrühren. Die Flüssigkeit erscheint im ersten Moment zu viel, aber wenn man das Cashewmus gut einrührt und das Ganze eine Weile köcheln lässt, wird die Masse immer dicker und dann passt die Konsistenz. Wer es nicht so weich mag, sollte sich mit der Sojasahne herantasten. Mit einem halben Pack beginnen und das Cashewmus einrühren. Schlückchen weise Sojasahne einrühren, bis es passt.

Nun mit Kala Namak, Pfeffer, Muskat, Sojasoße und Kurkuma würzen. Zum Schluss mit der Petersilie bestreuen und unterrühren. Dann den warmen Rührtofu mit Brot genießen.

TIPP

Schmeckt mit Brot oder ohne Brot zum Frühstück. Oder mit Bratkartoffeln und Endiviensalat als Hauptmahlzeit. Wer es Englisch mag, kann noch ein Veggie-Würstchen dazu braten.

Bananen-Porridge

FÜR EINE MÜSLISCHALE

Zutaten
7 gehäufte EL kernige Haferflocken
1 reife Banane
1 Tasse Haferdrink
1/2 TL Zimt

Optional
Hanfsamen
Himbeeren
Kürbiskerne

Tasse = 250 ml

ZUBEREITUNG

Haferflocken mit dem Haferdrink in einen Topf geben und aufkochen, anschließend leicht köcheln lassen.

Dann eine reife Banane schälen, mit einer Gabel zerdrücken und in die Haferflocken einrühren.

Nun noch mit etwas Zimt verfeinern und den Porridge ohne weitere Hitze 10 - 15 Minuten quellen lassen.

Zum Schluss den Porridge in eine Müslischale geben und mit Hanfsamen, Himbeeren und Kürbiskernen toppen.

Das Porridge sollte man noch warm genießen, sonst wird der Brei zu fest.

TIPP

Wählen Sie die Toppings nach Lust und Laune. Obstsorten, Kerne, Samen und Nüsse können Sie immer variieren. Das bringt Abwechslung in Ihr Frühstück.

Süße Frühstücks-Linsen

FÜR EINE MÜSLISCHALE

Zutaten
1/2 Tasse rote Linsen (10 Minuten Garzeit)
1 Tasse Pflanzendrink (Hafer-, Mandel- oder Kokosdrink)
1 Apfel
5 Datteln
1 Sternanis
1 TL Zimt
3 EL Ahornsirup
2 EL Mandelsplitter

Tasse = 250 ml

ZUBEREITUNG

Als Erstes die Linsen in ein Sieb gießen und mit Wasser abspülen. Nun den Apfel in Würfelchen schneiden und die Datteln ebenso in kleine Scheiben schneiden. Danach die Linsen in einen Topf geben und mit dem Pflanzendrink übergießen. Dattelscheiben, Zimt und Sternanis einrühren und den Brei erst kurz aufkochen lassen und dann bei verschlossenem Deckel auf mittlerer Hitze 5 Minuten köcheln lassen. Dann die Apfelwürfel in den Brei rühren und den Brei weitere 5 – 10 Minuten fertig garen.

In der Zwischenzeit Mandelsplitter in einer Pfanne ohne Öl rösten.

Zum Schluss den Ahornsirup einrühren und den Brei in eine Schale geben. Nun noch mit den Mandelsplittern bestreuen und lauwarm genießen.

TIPP

Man kann statt Apfel auch Birne oder anderes Obst verwenden und man kann die Datteln durch Rosinen ersetzen.

Rustikale Kichererbsen-Mini-Omeletts

FÜR 6 -8 KICHERERBSEN-MINI-OMELETTS

Zutaten
1 Tasse Kichererbsenmehl
1 Tasse Sojadrink
1/2 TL Backpulver
1 EL Öl
1/2–1 TL Kala Namak (indisches Schwefelsalz)
1 kleine Zwiebel
1 kleine rote Paprika
1 - 2 EL gehackte Petersilie
Salz, Pfeffer
Öl zum Braten

Tasse = 250 ml

ZUBEREITUNG

Für den Teig erst alle trockenen Zutaten wie Kichererbsenmehl, Backpulver, Kala Namak und Pfeffer in einer Schüssel mit dem Schneebesen gut verrühren. Dann Sojadrink und 1 EL Öl einrühren, bis keine Klumpen mehr sichtbar sind, danach zur Seite stellen.

Zwiebel schälen und Paprika waschen. Anschließend Zwiebel und Paprika in kleine Würfel schneiden. Nun eine Pfanne mit etwas Öl erhitzen, die Zwiebel- und Paprikawürfel darin anbraten. Wenn alles goldbraun ist, mit Salz und Pfeffer abschmecken und in den Teig einrühren. Jetzt die Petersilie fein hacken und ebenso unter den Teig rühren.

Anschließend eine **Antihaft-Pfanne** mit reichlich Öl erhitzen. Sobald die Pfanne richtig heiß ist, 2–3 Esslöffel Teig in die Pfanne geben, sodass ein ca. 10 cm großes Mini-Omelett entsteht. Das Omelett von beiden Seiten knusprig ausbacken. Diesen Vorgang wiederholen, bis der Teig aufgebraucht ist.

TIPP

Statt Paprika kann man auch andere Gemüsesorten verwenden. Pilze schmecken ebenfalls sehr lecker. Genauso können die Gewürze und Kräuter nach Lust und Laune variieren.

Paprika-Aufstrich

FÜR 1 KLEINES GLAS PAPRIKA-AUFSTRICH

Zutaten
1 Zwiebel
1 rote Paprika
1 gehäufter EL Cashewmus
6 EL Wasser
2 EL Olivenöl
1/2 TL Rauchsalz
1 TL Paprikapulver
1 TL Ahornsirup
Pfeffer
Öl zum Braten

ZUBEREITUNG

Richten Sie am besten vorher alle Zutaten her, der Ablauf soll später schnell gehen, damit die Gewürze nicht verbrennen. Zuerst die Paprika waschen und entkernen. Anschließend in feine, ganz kleine Würfel schneiden. Die Zwiebel schälen und ebenso fein würfeln. Nun Öl in der Pfanne erhitzen und die Paprikawürfel und die Zwiebelwürfel darin anbraten. Es müssen Röstaromen entstehen. Jetzt mit Rauchsalz, Paprikapulver, Ahornsirup und Pfeffer verfeinern. Dann Cashewmus und 6 EL Wasser einrühren, etwas eindicken lassen und noch 2 EL Olivenöl einrühren. Anschließend in einen Teller geben. Mit einer Gabel nochmal richtig gut durchmischen. Fertig. Wenn der Aufstrich abgekühlt ist, kann man ihn in ein Glas abfüllen. Man kann ihn gleich essen, im Kühlschrank wird er jedoch etwas fester und am nächsten Tag haben sich die Aromen noch mehr entfaltet.

Curry-Aufstrich

FÜR 1 KLEINES GLAS
CURRY-AUFSTRICH

Zutaten
1 Zwiebel
1 Stange Sellerie
1 gehäufter
EL Cashewmus
6 EL Wasser
2 EL Olivenöl
2 EL Currypulver
1/2 TL Rauchsalz
1 TL Paprikapulver
1 EL Ahornsirup
etwas Chili
Öl zum Braten

ZUBEREITUNG

Richten Sie am besten vorher alle Zutaten her, der Ablauf soll später schnell gehen, damit die Gewürze nicht verbrennen. Zuerst die Zwiebel schälen und in feine Würfel schneiden. Dann Selleriestange waschen und ebenso fein würfeln. Nun Öl in der Pfanne erhitzen und die Zwiebelwürfel und Selleriewürfel darin anbraten. Es müssen Röstaromen entstehen. Jetzt mit Currypulver, Rauchsalz, Paprikapulver, Ahornsirup und Chili verfeinern. Dann Cashewmus und 6 EL Wasser einrühren, etwas eindicken lassen und noch 2 EL Olivenöl einrühren. Anschließend in einen Teller geben. Mit einer Gabel nochmal richtig gut durchmischen. Fertig. Wenn der Aufstrich abgekühlt ist, kann man ihn in ein Glas abfüllen. Man kann ihn gleich essen, im Kühlschrank wird er jedoch noch etwas fester und am nächsten Tag haben sich die Aromen noch mehr entfaltet.

Veganes „Mett"

FÜR EINE SCHÜSSEL

ZUBEREITUNG

Zutaten
Eine ganze Packung Reiswaffeln (100 g-Packung)
1 Tasse Wasser
1 Zwiebel
3 EL Tomatenmark
1/2 TL dänisches Rauchsalz
Pfeffer
1/2 TL Paprikapulver edelsüß
1 guter TL getrockneter Majoran
3 EL Olivenöl
1 Handvoll gehackte Petersilie

Tasse = 250 ml

Jetzt wird's deftig! Manche mögen es auch zum Frühstück herzhaft, dann ist dieses Rezept genau das richtige. Allerdings schmeckt es auch am Mittag, am Nachmittag und auch als Abendbrot :-)

Die Reiswaffeln mit den Fingern richtig gut zerbröseln und die Zwiebel fein hacken. Dann die Petersilie hacken. Jetzt ist alles vorbereitet und alle Zutaten wie Wasser, gehackte Zwiebel, Petersilie, Tomatenmark, Rauchsalz, Pfeffer, Paprikapulver, Majoran und Olivenöl kommen nun zu den zerbröselten Reiswaffeln.

Nun die Hände zum Verkneten benutzen. Wenn man möchte, kann man Handschuhe tragen. Alles richtig gut verkneten, bis die Masse an Hackfleisch erinnert. Nun die Masse noch ca. 2 Stunden in den Kühlschrank stellen oder am besten über Nacht, dann entfalten sich die Aromen. Die Reiswaffeln saugen die Feuchtigkeit schnell weg. Wenn die Masse zu trocken wird, einfach noch etwas Wasser und Öl mit einer Gabel untermischen und nochmal mit Salz und Pfeffer nachwürzen.

Lecker schmeckt es, wenn man das mit Mett bestrichene Brot mit etwas Petersilie bestreut und mit feinen Zwiebelringen belegt. So ist es fast wie das Original.

Salat

Vor

Speisen

Orangen-Carpaccio mit Rucola

FÜR 2 PERSONEN

Zutaten
2 Orangen
3 EL Olivenöl
1 Prise Salz und Pfeffer

Außerdem
Rucola
etwas Olivenöl
1 Prise Salz und Pfeffer

Optional
Pinienkerne

ZUBEREITUNG

Den Rucola vorsichtig waschen und trocknen lassen. Die Orangen schälen. Hierfür die zwei Enden abschneiden, dann mit dem Messer rundum die Schalen herunterschneiden. Auch das Weiße an der Orange sollte abgeschnitten werden, da es bitter schmeckt. Nun die Orangen in Scheiben schneiden. Nicht zu dick und nicht zu dünn. Mit Olivenöl beträufeln, salzen und pfeffern. Danach den Rucola auf dem Orangen-Carpaccio anrichten und mit ein wenig Öl beträufeln, salzen und pfeffern. Fertig.

Wer mag, kann noch ein paar geröstete Pinienkerne darüberstreuen. Sehr einfach, aber megalecker.

Tomate-Avocado-

statt Tomate-Mozzarella

FÜR 2 PERSONEN

Zutaten
2 Tomaten
1 große Avocado
1 Handvoll Basilikum
2 - 3 EL Olivenöl
Salz

ZUBEREITUNG

Tomatenhälften in Scheiben schneiden, sodass die Scheiben wie ein Halbmond aussehen. Dann Avocado halbieren, entkernen und ebenso in Halbmondscheiben schneiden. Abwechselnd kreisförmig anrichten. Nun mit Olivenöl übergießen und salzen. Zum Schluss mit frischem Basilikum verfeinern. Einfach, aber lecker!

Tomaten-Bruschetta

FÜR 8 TEILCHEN

Zutaten
3 Tomaten
2 TL gehackte Zwiebel
1 Knoblauchzehe
2 EL Olivenöl
Salz, Pfeffer
8 Blätter Basilikum

Außerdem
8 Scheiben Ciabatta

ZUBEREITUNG

Für das Topping Tomaten halbieren, vom Strunk befreien und in kleine Würfel schneiden. Zwiebelchen schälen und in feine Würfel hacken. Basilikum in feine Streifen schneiden und die bisher geschnittenen Zutaten in eine Schüssel geben. Dann mit 2 EL Olivenöl, Salz und Pfeffer verfeinern und alles gut vermischen.

Nun eine Pfanne ohne Öl erhitzen und die Brotscheiben von beiden Seiten rösten, bis sie knusprig sind. Eine Knoblauchzehe schälen und halbieren und das knusprige Brot damit einreiben. Danach die Scheiben mit der Tomatenmischung toppen und frisch genießen.

Passt zu Grillgemüse und Antipasti, dann ist man wunschlos glücklich. Oder man genießt sie zu grünem Salat als sättigende Beilage.

TIPP

Mit diesem Rezept kann man wunderbar Brotreste verarbeiten.
Wenn man kein Ciabattabrot hat, kann man auch andere Brotsorten verwenden. Auch Brötchen kann man einfach in Scheiben schneiden und rösten.

Bitte keine Lebensmittel wegwerfen, sondern verarbeiten!

Fruchtiger Karottensalat

mit gerösteten Mandelsplittern und cremiger Tahinisoße

FÜR EINE MITTELGROSSE SCHÜSSEL

Zutaten
8 mittelgroße Möhren
1 Apfel
2 Frühlingszwiebeln
ca. 6 Datteln
1/2 Tasse Mandelsplitter

Für das Dressing
4 EL Tahini (Sesampaste)
3 EL weißer Balsamicoessig
2 EL Sojasoße
Saft und Abrieb einer Bio-Zitrone
etwas Pfeffer

Tasse = 250 ml

ZUBEREITUNG

Für den Salat Möhren waschen und auf einer Reibe fein raspeln. Den Apfel in kleine Würfelchen schneiden und die Frühlingszwiebeln fein hacken. Alles in eine Salatschüssel geben. Nun die Datteln in kleine Ringe schneiden und ebenso in die Schüssel geben.

Nun das Dressing zubereiten. Hierfür den Abrieb von der Zitrone raspeln und den Saft auspressen. Dann die Sesampaste in eine Schale geben und mit den restlichen Zutaten für das Dressing gut verrühren. Nach dem Abschmecken kann das Dressing unter den Salat gemischt werden.

Nun eine Pfanne ohne Öl erhitzen und die Mandelsplitter darin rösten. Anschließend unter den Salat heben. Fertig.

TIPP

Solche Rohkostsalate eignen sich hervorragend zum Mitnehmen, da sie anders als grüner Salat nicht labbrig werden.

Pfannen-Fladenbrot

4 FLADENBROTE

Zutaten
12 EL Weizenmehl
4 - 6 EL Sojajoghurt
2 TL Backpulver
1/2 TL Salz

ZUBEREITUNG

Kein Brot zu Hause? Kein Problem!

Für den Teig Mehl, Backpulver und Salz in eine Schüssel geben und mit einem Löffel gut verrühren. Dann erst mal 3 EL Sojajoghurt mit der Mehlmischung verkneten. Je nachdem, welches Mehl man verwendet, kann die Menge an Joghurt variieren. Dann einen weiteren Löffel Sojajoghurt hinzufügen und kneten. Der Teig sollte elastisch sein, nicht zu feucht und nicht zu trocken. Er soll sich gut verbinden, sodass eine elastische Kugel entsteht. Bröselt er noch weg, ist er zu trocken, klebt er an den Händen, ist er zu feucht. Geben Sie so lange löffelweise Sojajoghurt hinzu, bis es passt. Falls Sie zu viel genommen haben, einfach nochmal einen Löffel Mehl einkneten. Nun den Teig ca. 10 Minuten kneten.

Dann die Teigkugel in 4 gleich große Teile schneiden und diese oval ca. 0,3 cm dick auf einer bemehlten Fläche ausrollen. Die Fladen sind ca. 15 - 20 cm groß.

Dann eine Pfanne mit etwas Öl erhitzen und die Fladenbrote von beiden Seiten auf mittlerer Hitze ausbacken. Sie bekommen schöne braune Röststellen und gehen etwas auf.

TIPP

Die Brote schmecken super zu Salat oder Salsa. Rezepte für Salsa-Variationen finden Sie im Buch.

Schneller Asia-Salat

FÜR EINE MITTELGROSSE SCHÜSSEL

Zutaten
250 g-Packung Mie-Nudeln
5 EL Oliven- oder Sesamöl
4 EL Balsamicoessig weiß
3 EL Sojasoße
2 EL Currypulver
2 EL Agavendicksaft
1 rote Paprika
1 Möhre
2 Lauchzwiebeln
ca. 4 EL geröstete und gesalzene Erdnüsse
1 Tasse TK-Erbsen
etwas Petersilie

Tasse = 250 ml

ZUBEREITUNG

Nudeln nach Packungsanleitung zubereiten, mit einer etwas kürzeren Garzeit, und die Nudeln im Anschluss unbedingt kalt abspülen, sonst werden sie matschig.

Zwischenzeitlich das Dressing machen. Hierfür Öl, weißen Balsamicoessig, Sojasoße, Currypulver und Agavendicksaft verrühren.

Nun rote Paprika und Möhre würfeln und die Lauchzwiebeln in kleine Ringe schneiden. Jetzt Nudeln mit dem Dressing und dem geschnittenen Gemüse vermischen. Dann Erbsen und Erdnüsse dazugeben. Die Erbsen tauen ganz schnell auf.

Den Salat mit etwas Petersilie bestreuen. Fertig.

TIPP

Wer allergisch auf Erdnüsse reagiert, kann auch andere Nüsse oder Samen verwenden. Zum Beispiel geröstete Cashewkerne, Mandelsplitter oder gerösteten Sesam. Statt TK-Erbsen gehen auch Kichererbsen aus der Dose. Erbsen aus der Dose sind zu weich.

Mediterraner Brotsalat

FÜR EINE MITTELGROSSE SCHÜSSEL

Zutaten
1 Ciabatta oder Baguette
20 grüne Oliven
10 Stücke getrocknete Tomaten in Öl
20 Datteltomaten
2 Handvoll Rucola
1 Handvoll frisches Basilikum
1 rote Zwiebel

Für das Dressing
7 EL Olivenöl
4 EL weißer Balsamicoessig
2 Knoblauchzehen
1 TL Salz
Prise Pfeffer
Abrieb einer Bio-Zitrone

Außerdem
50 g Pinienkerne

ZUBEREITUNG

Das ist eine wunderbare Art, Brot zu retten. Das trockene Brot in mundgerechte Würfel schneiden und zur Seite stellen. Rucola und Basilikum waschen und klein zupfen. Oliven und Datteltomaten in Ringe schneiden und die getrockneten Tomaten in kleine Streifen. Die Zwiebel schälen, halbieren und in feine Halbringe schneiden.

Nun das Dressing zubereiten. Hierfür den Knoblauch fein hacken und mit dem Abrieb einer Zitrone in eine Schale geben. Nun mit allen weiteren Zutaten verrühren. Fertig.

Zum Schluss die Brotwürfel in einer Pfanne mit etwas Öl bei mittlerer Hitze knusprig rösten, dann mit allen weiteren Zutaten und dem Dressing verrühren.

Pinienkerne ohne Öl in einer Pfanne rösten und über den verzehrfertigen Salat streuen.

Der 5-Minuten-Salat

FÜR EINE MITTELGROSSE SCHÜSSEL

Zutaten
1 Glas Kichererbsen oder weiße Bohnen
1 Dose Mais
1/2 Salatgurke
2 Tomaten
10 grüne Oliven
1 Apfel
1/2 rote Zwiebel
etwas Petersilie
5 EL weißer Balsamicoessig
4 EL Olivenöl
Prise Salz
Prise Pfeffer

ZUBEREITUNG

Erst die Kichererbsen und den Mais in ein Sieb schütten, mit Wasser abspülen und abtropfen lassen.

Danach Tomaten, Apfel und Gurke in Würfel schneiden. Nun Petersilie und Zwiebel fein hacken und mit allen weiteren Zutaten vermengen.

Zum Schluss mit Salz, Pfeffer, Öl und Essig abschmecken. Fertig.

Dieser Salat eignet sich super zum Mitnehmen. Ob zur Arbeit oder zum Wandern, er ist ein genialer Sattmacher mit tollen Nährstoffen.

TIPP

Falls Sie keine Kichererbsen mögen, kann man den Salat auch mit Kidneybohnen, weißen Bohnen oder Linsen machen. Bei Hülsenfrüchten sind Konserven eine gute Alternative. Andere Gemüsesorten sollte man eher frisch verarbeiten.

Gerösteter Chicorée

mit süßem Senfdressing

FÜR
8 CHICORÉE-
HÄLFTEN

ZUBEREITUNG

Zutaten
4 Chicorée
Olivenöl zum Braten
Prise Salz
Prise Pfeffer

Für das Dressing
5 EL Olivenöl
3 EL Balsamicoessig
4 EL Ahornsirup
2 EL milder Senf
Prise Salz

Außerdem
etwas Schnittlauch

Als Erstes das Dressing zubereiten. Für das Dressing einfach alle Zutaten in einen Schüttelbecher geben (oder in ein Schraubglas), glatt schütteln und in eine Schale gießen.

Nun den Chicorée waschen, den Strunk vorsichtig abschneiden, aber nur so viel, dass die Blätter nicht auseinander fallen. Dann den Salat halbieren und in einer Pfanne mit Öl bei verschlossenem Deckel anbraten. Zwischendurch kontrollieren, damit er nicht anbrennt. Wenn eine Seite goldbraun ist, den Chicorée wenden und die Rückseite bei verschlossenem Deckel goldbraun anbraten. Der Chicorée wird dann etwas glasig und dadurch milder.

Zum Schluss den Salat noch etwas salzen und pfeffern, dann kann er mit dem Dressing serviert werden. Den Chicorée kann man nun entweder in das Dressing dippen und verzehren oder man richtet ihn auf Tellern schön an und beträufelt ihn reichlich mit dem Dressing. Für das Auge noch etwas Schnittlauch darüberstreuen.

TIPP

Im Sommer kann man den Chicorée auch ganz toll auf den Grill legen. Roten Radicchio kann man übrigens auf die gleiche Art zubereiten.

Regenbogen-Salat

mit Cashew-Zitronendressing

FÜR ZWEI
GROSSE SCHALEN

Zutaten
ein Stück Rotkohl
(2 Handvoll geschnitten)
1 Salatherz
1 Möhre
10 Cherrytomaten
1/4 Salatgurke
1 Mango
1 Avocado
1 Tasse Walnüsse
2 Frühlingszwiebeln

Für das Dressing
2 gehäufte EL Cashewmus
1 EL Olivenöl
1 EL weißer
Balsamicoessig
Saft und Abrieb einer
Bio-Zitrone
8 EL Haferdrink
Prise Salz
Prise Pfeffer

Außerdem
zusätzliches Olivenöl
zusätzlich weißer
Balsamicoessig

Tasse = 250 ml

ZUBEREITUNG

Als Erstes das Dressing zubereiten. Den Abrieb einer Bio-Zitrone in eine Schale reiben und dann den Saft dazu pressen. Der Abrieb ist ganz wichtig für den aromatisch frischen Geschmack. Danach einfach alle weiteren Zutaten dazugeben und solange rühren, bis sich das Cashewmus aufgelöst hat und das Dressing schön cremig ist.

Nun den Rotkohl in feine Streifen schneiden und die Möhre raspeln. Das Salatherz ebenso in Streifen schneiden, die Gurke würfeln und die Tomaten halbieren. Die Mango schälen und das Fruchtfleisch um den Kern abschneiden und ebenso würfeln. Dann die Avocado halbieren, vom Kern befreien und das Fruchtfleisch herauslösen. Danach ebenso würfeln. Die Frühlingszwiebeln in feine Ringe schneiden. Zum Schluss noch die Walnüsse etwas kleiner brechen und in einer Pfanne ohne Öl rösten.

Nun kann man alle Komponenten, bis auf die Walnüsse und die Zwiebeln, schön nebeneinander anrichten, wie ein bunter Regenbogen. Ich nehme meistens eine große Auflaufform. Den Salat mit etwas Olivenöl und Essig beträufeln und etwas Salz und Pfeffer darüber streuen. Dann Walnüsse und Frühlingszwiebelringe darüber regnen lassen und mit dem Dressing übergießen.

TIPP

Die Zutaten können natürlich je nach Lust und Laune abgewandelt werden. Statt Mango passt auch Apfel oder Orange. Das Obst gibt dem Salat eine wunderbar fruchtige Note. Richtig lange satt macht der Salat, wenn man noch ein paar Hülsenfrüchte dazugibt.

Kartoffelsalat

FÜR EINE MITTELGROSSE SCHÜSSEL

ZUBEREITUNG

Zutaten
10 dicke Kartoffeln (1500 g)
1 Stange Lauch
1 dicke Zwiebel
1 Tasse Gemüsebrühe
1 EL Weizenmehl
2 EL vegane Butter
3 EL Öl
5 EL weißer Balsamicoessig
2 EL Sojasoße
10 kleine Gewürzgurken
5 EL Gewürzgurkensud
1 TL Rauchsalz
Prise Pfeffer

Tasse = 250 ml

Als Erstes die Kartoffeln in Wasser garen. Die Garzeit richtet sich nach der Dicke der Kartoffeln. Wenn man sie mit einem Messer einsticht, spürt man, ob sie gar sind. In der Zwischenzeit kann man den Lauch putzen und ihn längs halbieren. Die Hälften kann man wiederum längs halbieren. So hat man später im Salat nicht zu große Stücke. Dann kann man die vier Teile in feine Streifen schneiden. Nun noch die Zwiebel schälen und fein würfeln. Ebenso die Gewürzgurken würfeln.

Jetzt eine Pfanne mit der veganen Butter erhitzen und die Zwiebel und den Lauch auf mittlerer Hitze darin anbraten. Nun die Gemüsebrühe bereitstellen.

Wenn die Kartoffeln gar sind, das Wasser abgießen und die Kartoffeln schälen. Kartoffeln in mundgerechte Stücke schneiden und in eine Schüssel geben. Die geschnittenen Gurken gesellen sich dazu.

Wenn der Lauch gar ist und schöne Röstaromen hat, das Mehl darüberstreuen und unterrühren. Anschließend das Ganze mit der Gemüsebrühe ablöschen und kurz köcheln lassen. Mit Rauchsalz und Pfeffer würzen.

Nun die Hitze abstellen. Wenn das Gemüse nicht mehr ganz heiß ist, Essig, Öl, Sojasoße und den Gurkensud über das Gemüse gießen und dann den Pfanneninhalt über die Kartoffeln in die Schüssel gießen. Alles unterheben, nochmal abschmecken, fertig.

Tofuwürfel im Feta-Style

FÜR EINE KLEINE SCHÜSSEL

Zutaten
1 ganzer Block Naturtofu (200 g)
5 EL Olivenöl
3 EL weißer Balsamicoessig
1 gestrichener TL Salz
1 Knoblauchzehe
0,5 TL Kräuter der Provence
1 EL Hefeflocken
5 Stücke getrocknete Tomaten in Öl
10 grüne Oliven

ZUBEREITUNG

Tofu in kleine Würfel schneiden und in eine Schale geben. Die Knoblauchzehe ganz fein hacken. Ebenso die getrockneten Tomaten und die Oliven in ganz kleine Stücke schneiden. Ganz klein bekommt man alles, wenn man die geschnittenen Stücke mit dem Messer anschließend nochmal gut durchhackt. Die geschnittenen Zutaten gesellen sich zu den Tofuwürfeln.

Dann Olivenöl, Balsamicoessig, Salz, Hefeflocken und Kräuter unterrühren und kalt stellen. Die Tofuwürfel sollten vor dem Verzehr mindestens einen Tag ziehen, damit sich alle Aromen entfalten können und der Tofu den Geschmack annimmt.

Gewürze und Kräuter können je nach Wunsch variieren. Mit Chili statt Kräutern schmecken die Tofuwürfel auch wunderbar.

TIPP

Schmeckt zu Brot, zu griechischem Salat oder einfach zu weiteren Antipasti-Variationen als Vorspeise.

Guacamole & Tomaten-Gurkensalsa

FÜR EINE SCHÜSSEL TOMATEN-GURKEN-SALSA

Zutaten
2 Tomaten
1/4 Salatgurke
1/2 Frühlingszwiebel
3 EL Olivenöl
2 EL gehackte Petersilie
Prise Salz
Prise Pfeffer

Dazu Tortilla-Chips

ZUBEREITUNG

Als Erstes die Tomaten halbieren und vom Strunk befreien. Nun Gurke und Tomaten in kleine Würfelchen schneiden. Dann die Frühlingszwiebel und die Petersilie fein schneiden. Alles in eine Schale geben und mit Olivenöl, Salz und Pfeffer abschmecken. Fertig.

FÜR EINE SCHÜSSEL GUACAMOLE

Zutaten
2 reife Avocados
1/2 Limette
1/2 Frühlingszwiebel
1/2 Chilischote
Prise Salz
Prise Pfeffer

Dazu Tortilla-Chips

ZUBEREITUNG

Für den Dip als erstes Frühlingszwiebel fein schneiden, die Chilischote von den Kernen befreien und die Schote ebenso in feine Würfel schneiden.

Dann beide Avocados halbieren und entkernen. Anschließend mit einem Löffel das Fruchtfleisch entnehmen und in eine Schale geben. Das Fruchtfleisch nun mit einer Gabel zerdrücken, bis eine homogene Masse entsteht.

Nun geschnittene Frühlingszwiebel und Chili hinzufügen, den Saft einer halben Limette dazu pressen und alles gut verrühren. Zum Schluss mit Salz und Pfeffer abschmecken. Fertig.

Trauben-Salsa

FÜR EINE
KLEINE SCHÜSSEL
TRAUBEN-SALSA

Zutaten
20 - 30 grüne Trauben
(je nach Größe)
1/2 Frühlingszwiebel
5 Gurkenscheiben
(je Scheibe 5 mm dick)
1/2 Tasse Walnüsse
6 Blätter Basilikum
3 EL Olivenöl
Prise Salz
Prise Pfeffer

Tasse = 250 ml

ZUBEREITUNG

Als erstes Trauben, Frühlingszwiebel, Gurken und Basilikum waschen. Dann die Trauben und die Gurkenscheiben in kleine Würfelchen schneiden und in eine Schale geben. Nun die Frühlingszwiebel in feine Steifen schneiden und die Walnüsse auf einem Brett grob zerhacken. Die Walnüsse in einer Pfanne ohne Öl anrösten und zusammen mit den Frühlingszwiebelstreifen mit in die Schale geben. Jetzt mit Olivenöl, Salz und Pfeffer abschmecken und mit gehacktem Basilikum verfeinern. Fertig. Dazu passt das Pfannenfladenbrot aus diesem Buch.

Tomaten-Rosinen-Salsa

FÜR EINE
KLEINE SCHÜSSEL
TOMATEN-ROSINEN-
SALSA

Zutaten
10 Cherrytomaten
3 Stücke getrocknete Tomaten in Öl
1 Knoblauchzehe
1 Stück Chili (je nach Schärfewunsch)
2 EL Rosinen
1 EL gehackte Petersilie
4 EL Olivenöl
3 EL Sonnenblumenkerne
Prise Salz
Prise Pfeffer

ZUBEREITUNG

Als erstes Tomaten, Chili und Petersilie waschen. Eingelegte Tomaten abtropfen lassen. Dann die Tomaten und die eingelegten Tomaten in kleine Würfelchen schneiden und in eine Schale geben. Nun die Knoblauchzehe und das Stück Chili in ganz feine Würfelchen hacken. Die Sonnenblumenkerne in einer Pfanne ohne Öl anrösten und zusammen mit den Knoblauch- und Chiliwürfeln mit in die Schale geben. Die Rosinen ebenso in die Schale geben. Jetzt mit Olivenöl, Salz und Pfeffer abschmecken und mit gehackter Petersilie verfeinern. Fertig. Dazu passt das Pfannenfladenbrot aus diesem Buch.

Kaltes Tomatensüppchen

FÜR EINEN TELLER

Zutaten
Tomatensaft (Menge für einen Suppenteller)
4 Cherrytomaten
ein Stück Selleriestange (10 cm)
ein Stück Gurke (5 cm)
eine Handvoll Basilikum
2 EL Olivenöl
2 EL Sojasahne
Prise Salz
Prise Pfeffer

Optional
1 Knoblauchzehe

ZUBEREITUNG

Für das Süppchen Tomatensaft in einen Suppenteller gießen. Nehmen Sie unbedingt Tomatensaft und keine passierten Tomaten, das wird zu dick. Im Sommer ist die Suppe sehr erfrischend, wenn der Tomatensaft vorher gekühlt wurde. Die Suppe mit einer Prise Salz und Pfeffer würzen. Aber vorsichtig, nachwürzen kann man immer noch.

Die Suppe mit 2 EL Olivenöl beträufeln. Nun Tomate, Gurke und Sellerie in kleine Würfelchen schneiden und anschließend mit einer Prise Salz und Pfeffer würzen. Die Würfelchen kommen nun aus Einlage in die Suppe.

Zum Verfeinern werden noch 2 EL Sojasahne über die Suppe geträufelt. Jetzt das Basilikum hacken und darüber streuen.

Wer mag, kann noch etwas fein gehackten Knoblauch einrühren.

Dazu schmeckt frisches Brot. Ein herrlich leichtes, sommerliches Rezept.

TIPP

Optional kann man auch Brotwürfel rösten und über die Suppe streuen.

Auberginen mit Nusshack

FÜR 2 PERSONEN

Zutaten
Für das Nusshack
1/2 Tasse Walnüsse
4 Stücke getrocknete Tomaten in Öl eingelegt
1/2 Zwiebel
1 EL Tomatenmark
1 Prise Rauchsalz und Pfeffer
1/2 TL Knoblauchgranulat
etwas Petersilie

Außerdem
2 Auberginen
Olivenöl zum Braten
etwas Salz, Pfeffer

Tasse = 250 ml

ZUBEREITUNG

Auberginen in Scheiben schneiden und von beiden Seiten mit Öl anbraten. Man muss öfter mal Öl nachgießen, da die Aubergine das Öl stark aufnimmt. Danach salzen und pfeffern.

Für das Nusshack die Nüsse in einem Frischhaltebeutel oder im Geschirrtuch grob mit einem schweren Gegenstand zerstoßen. Getrocknete Tomaten in Streifen schneiden, danach die Nüsse mit auf das Brett geben und mit einem scharfen Messer so lange zusammen durchhacken, bis eine krümelige homogene Masse entsteht.

Jetzt Zwiebel in Würfel schneiden und mit etwas Öl in eine Pfanne geben und anbraten. Nusshack mit in die Pfanne geben und weiterbraten. Nach einer Weile Tomatenmark und zum Schluss Gewürze mit in die Pfanne geben. Alles gut mischen. Aufpassen, dass die Gewürze jetzt nicht anbrennen.

Dann Nusshack auf den gebratenen Auberginenscheiben anrichten und mit gehackter Petersilie bestreuen. Dazu passt frisches Brot.

Haupt

Speisen

Cremiges Pilzrisotto mit Basilikumöl

FÜR ZWEI PERSONEN

Zutaten
1 Tasse Risottoreis
2 Tassen Gemüsebrühe
1 Tasse Wasser mit einem gehäuften TL Cashewmus
1 Zwiebel
1 EL weißer Balsamicoessig
4 EL Hefeflocken
1 EL vegane Butter oder Olivenöl
Prise Muskatnuss
etwas Salz, Pfeffer

Außerdem
200 g Champignons (ca. 5 - 7 große Champignons)
1 EL Olivenöl
etwas Petersilie

Für das Basilikumöl
1 Handvoll frisches Basilikum
1 Knoblauchzehe (oder Knoblauchgranulat nach Geschmack)
etwas Salz
Olivenöl

Tasse = 250 ml

ZUBEREITUNG

Zuerst die Pilze und das Basilikumöl zubereiten, damit man sich in Ruhe um das Risotto kümmern kann. Dafür erst die Pilze putzen, halbieren und in Scheiben schneiden. Danach mit Olivenöl anbraten, wenn sie goldbraun sind, kann man sie salzen, pfeffern und mit gehackter Petersilie bestreuen. Die Hitze abdrehen und Champignons zum Warmhalten in der Pfanne lassen und abdecken.

Für das Basilikumöl alle Zutaten in einen hohen Behälter geben und soviel Olivenöl dazugießen bis sich die Masse gut pürieren lässt. Das Basilikumöl soll eine soßige Konsistenz haben.

Jetzt das Risotto zubereiten. Die Zwiebel in Würfel schneiden und mit der veganen Butter in einem Topf glasig braten. Dann den Risottoreis hinzugeben und kurz weiterbraten. Nun mit der ersten Tasse Gemüsebrühe ablöschen. Das Risotto auf mittlerer Hitze köcheln lassen und stetig rühren. Immer wenn das Risotto eindickt, etwas Brühe nachgießen, bis die Brühe nach ca. 15 - 20 Minuten aufgebraucht ist. Rühren nicht vergessen. Dann einen guten Teelöffel Cashewmus in einer Tasse Wasser verrühren und ebenso in das Risotto eingießen. Ein Esslöffel Balsamicoessig folgt. Nun noch die Hefeflocken einrühren. Zuerst wirkt das Risotto etwas zu flüssig, nach einer Weile Köcheln dickt das Risotto aber wieder ein und das Cashewmus sorgt für eine cremige Konsistenz. Zum Schluss mit Salz, Pfeffer und Muskat abschmecken.

Das Risotto sollte nun gleich serviert werden, da die Konsistenz jetzt perfekt ist. Zwei Teller damit befüllen, gebratene Pilze darüber geben und mit dem Basilikumöl beträufeln. Fertig!

TIPP

Wer keine Kinder hat und Wein am Essen mag, kann die zweite Tasse Gemüsebrühe durch eine Tasse Weißwein ersetzen. Schmeckt auch toll.

Kanarische Kartoffeln

mit Mojo Rojo

FÜR 2 - 3 PERSONEN
(schmeckt auch noch am zweiten Tag)

ZUBEREITUNG

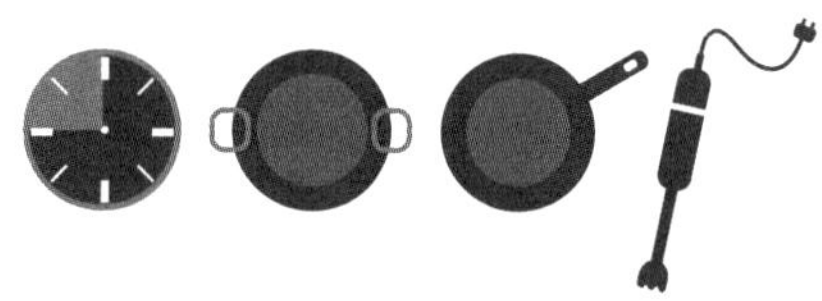

Zutaten
Für die Salz-Kartoffeln
1,5 kg kleine Kartoffeln
1 Tasse Salz
1 Tasse Wasser

Für das rote Mojo
2 Paprika
1 Knoblauchzehen
1 Zwiebel
4 getrocknete Tomaten in Öl
1 TL geräuchertes Paprikapulver
6 EL Olivenöl
1 EL Balsamico-Essig
1 EL Ahornsirup
1 Prise Salz und Pfeffer

Tasse = 250 ml

Auch wenn es nicht so aussieht. Diese Soße ist der Hammer. Ich mache sie oft bei Partys und sie kommt immer gut an.

Zuerst das Mojo Rojo zubereiten. Hierfür Paprika und geschälte Zwiebel in mittelgroße Würfel schneiden und mit 2 EL Öl erst stramm, danach auf mittlerer Hitze gut anbraten. Es müssen Röstaromen entstehen, das Gemüse muss viele braune Stellen bekommen. Danach mit allen weiteren Zutaten in ein hohes Gefäß geben und mit dem Pürierstab gut durchmixen. Fertig.

Jetzt die Kartoffeln mit Schale in einen Topf geben. Salz und Wasser dazugeben und mit verschlossenem Topf köcheln, bis die Kartoffeln gar sind. Das Wasser wird fast vollständig verdampfen, also Topf etwas im Auge behalten. Falls noch etwas Wasser übrig bleibt, kann man es später einfach abgießen. Kartoffeln aus dem Salz nehmen, größere Salzreste entfernen und mit der Mojo Rojo-Soße servieren.

ACH JA ...

Diese leckeren Kartoffeln werden traditionell mit sehr viel Salz gegart, so entsteht eine feine Salzkruste. Zusammen mit der würzigen Soße sind sie einfach ein Gedicht!

„Wie Wurstsalat" mit Bratkartoffeln

FÜR ZWEI PERSONEN

Zutaten
1 ganzer Block geräucherter Tofu (200 g)
5 - 10 saure Gurken (je nach Größe)
5 EL Gurkenwassersud
1 EL weißer Balsamicoessig
1 EL milder Senf (Achtung: Scharfer Senf kann den Salat ungenießbar machen)
3 EL Olivenöl
1 ganz kleine Zwiebel
1 - 2 EL frisch gehackte Petersilie
1 Prise Salz und Pfeffer

Außerdem
Kartoffeln
Öl zum Braten

ZUBEREITUNG

Die sauren Gurken und die Zwiebel in kleine Würfelchen schneiden. Danach Gurkenwassersud, Balsamicoessig, Senf, Olivenöl, Salz und Pfeffer verquirlen. Jetzt den Tofu längs in ca. 2 mm dünne Scheiben schneiden und diese auch wiederum von der kurzen Seite her in Streifen schneiden. Der Tofu sollte fein geschnitten werden. Die Tofustreifen mit dem Dressing vermengen, die Zwiebelwürfel, Gurkenwürfel und die gehackte Petersilie unterheben.

Nun die Kartoffeln schälen und in kleine Würfel schneiden. Die Würfel mit Öl in einer beschichteten Pfanne anbraten. Zuerst auf hoher Stufe, dann auf mittlerer Hitze und mit verschlossenem Deckel garen lassen. Nach 10 - 15 Minuten mit einem Pfannenwender mal wenden und weiter braten bei offenen Deckel. Die Garzeit variiert je nach Kartoffelgröße. Wenn die Kartoffeln gar sind, salzen und pfeffern.

TIPP

Schmeckt auch toll zu frischem Brot :-)

Gemüse-Wrap

mit pikantem Kichererbsenpüree

FÜR CA. 4 WRAPS
(kann nach Gemüsegröße variieren)

Zutaten
1 Karotte
1 Zwiebel
ein Stück von einem kleinen Rotkohl ca. 1/4
1 rote Paprika
1 Block Räuchertofu (200 g)
3 EL Öl zum Braten
1 EL Kürbiskernöl oder Olivenöl
1 EL Balsamicoessig
2 EL Sojasoße
1 Prise Salz und Pfeffer

Für die Avocadocreme
2 Avocado
Saft und Abrieb einer 1/2 Bio-Zitrone
1 Prise Salz und Pfeffer

Für die gestampften Kichererbsen
1 Dose Kichererbsen (400 g Dose, abgetropft 265 g)
2 -3 TL rote Harissapaste (je nach Schärfewunsch)
2 EL Sojasoße
2 EL Ahornsirup
3 EL Pflanzendrink

Außerdem
4 Tortilla-Wraps (30 cm Durchmesser)

ZUBEREITUNG

Für die Wraps den Rotkohl waschen und in feine Streifen schneiden. Es sollten ca. 2 Tassen voll sein. Die Karotte fein raspeln oder in feine Streifen schneiden. Paprika entkernen und würfeln. Die Zwiebel schälen und ebenso fein würfeln. Danach die Avocado halbieren, vom Kern befreien, aus der Schale nehmen und mit einer Gabel zerdrücken. Die Avocadocreme mit allen weiteren Zutaten verrühren. Alles für später zur Seite stellen.

Nun Kichererbsen in ein Sieb gießen und abspülen. Wenn sie abgetropft sind, in einen Teller geben und mit einer Gabel zerdrücken. Eine Hand schützend über den Teller halten, damit die Kichererbsen nicht wegspringen. Je mehr man zerdrückt hat, umso leichter wird es. Dann die Harissapaste, Pflanzendrink, Ahornsirup und die Sojasoße dazugeben und nochmal mit der Gabel vermengen. Ebenso für später zur Seite stellen.

Zwiebelwürfel in Öl braten und Räuchertofu zeitnah dazubröseln und weiterbraten, bis schöne Röstaromen entstehen. Anschließend salzen und pfeffern.

Jetzt geschnippeltes Gemüse in eine Schüssel geben und mit Kürbiskernöl, Essig, Sojasoße, Prise Salz und Pfeffer vermengen und abschmecken. Nun alle Komponenten für die Füllung vierteln und mit dem ersten Wrap beginnen. Tortilla großzügig länglich mit Kichererbsenpüree bestreichen, Gemüsemischung länglich verteilen und mit Avocadocreme und gebratenem Tofu toppen. Anschließen den Wrap mit eingeschlagenen Enden fest zusammenrollen. Dann nochmal eine Pfanne mit etwas Öl erhitzen und den Wrap erst auf die eingeschlagene Seite legen und von beiden Seiten goldbraun braten. Dann den Vorgang mit den restlichen Wraps wiederholen.

TIPP

Den restlichen Rotkohl kann man für einen tollen Regenbogensalat verwenden. Rezept hier im Buch. Statt Rotkohl kann man auch Spitzkohl verwenden.

Dinkel-Bowl mit Erdnussbutter-Dressing

PRO TELLER

Zutaten
1/3 Teller gegarter Dinkel
5 Cherrytomaten
ein kleines Stück Salatgurke
1/2 rote Paprika
1 Handvoll Rucola
1 Frühlingszwiebel
1/2 Banane
3 EL geröstete Erdnüsse

Für das Dressing
2 gute EL Erdnussbutter
1 EL Sojasoße
2 EL Balsamicoessig
Prise Salz
Prise Pfeffer
etwas Wasser

Falls man keinen Dinkel vom Vortag hat, nach Packungsanleitung garen.

ZUBEREITUNG

Dieses Rezept macht richtig satt. Mann kann wunderbar Reste verarbeiten. Wenn man vom Vortag noch etwas Dinkel oder Reis übrig hat, kann man daraus diese tolle Bowl machen. Auch Quinoa oder Hirse passen super.

Erst mal das Dressing zubereiten. Hierfür Erdnussbutter, Sojasoße und Balsamicoessig verrühren. Die Masse ist noch etwas zäh, daher löffelweise Wasser hinzufügen und verrühren, bis die Konsistenz cremig ist, aber nicht zu dick. Nun noch mit Salz und Pfeffer abschmecken. Fertig.

Dann das Gemüse waschen. Danach Tomaten, Gurke und Paprika in kleine Stücke schneiden. Jetzt Banane schälen und in Scheiben schneiden. Ebenso die Frühlingszwiebel.

Und nun wird angerichtet: Dinkel auf den Teller geben und eine Handvoll Rucola. Tomaten-, Gurken-, Paprika- und Bananenstücke daneben platzieren. Das Ganze mit Erdnüssen und Frühlingszwiebel bestreuen und großzügig das Dressing darüber verteilen.

TIPP

Das Obst und das Gemüse kann nach Lust und Laune variieren.

Einfache Pfannenpizza ohne Hefe

PRO PIZZA

Zutaten

Für die Tomatensoße

4 EL passierte Tomaten
Prise Salz
1 TL getrockneter Majoran
1 TL getrockneter Thymian
etwas Knoblauchgranulat

Für den Cashewkäse

2 gehäufte TL Cashewmus
2 TL Hefeflocken
1 TL Senf (mild)
etwas Knoblauchgranulat
Prise Salz
Wasser

Für den Belag

5 Oliven (schwarz oder grün)
6 Basilikumblätter
1 Handvoll Rucola
Oder Belag nach Lust und Laune

Für den Teig

6 EL Weizenmehl
4 EL Sojajoghurt
1 TL Backpulver
Prise Salz

ZUBEREITUNG

Zuerst die Tomatensoße herstellen. Hierfür einfach alle Zutaten in eine kleine Schüssel geben und gut verrühren. Für den Cashewkäse ebenso alle Zutaten in einer weiteren Schüssel verrühren, außer dem Wasser, das kommt schlückchenweise hinzu, bis die zähe Konsistenz schön cremig wird, aber nicht zu flüssig.

Dann die Zutaten für den Belag richten, ich mag es eher schlicht, da kann man aber ganz kreativ sein. Die Oliven in Ringe schneiden und den gewaschenen Rucola und das Basilikum bereitlegen.

Für den Teig Mehl, Backpulver, Sojajoghurt und Salz mit einem Löffel gut verrühren. Solange bis der Teig glatt ist. Der Teig ist feuchter und klebriger als klassischer Hefeteig. Er lässt sich eher streichen. Je nachdem wie voll die Mehllöffel waren, können Sie entweder noch etwas Sojajoghurt oder Mehl dazugeben. Danach den Teig in einer kalten großen beschichteten Pfanne ohne Öl schön rund ausstreichen, bis er den Pfannenboden bedeckt und gleichmäßig ist. Aber nicht ganz zum Pfannenrand gehen, damit er sich gut wenden lässt. Dann erst die Pfanne anschalten. Erst auf höchster Stufe bis die Pfanne heiß ist, dann auf mittlerer Hitze. Nach ca. 2 Minuten mit einem Pfannenwender vorsichtig versuchen, den Fladen zu lösen und noch etwas Öl mit in die Pfanne geben, sonst wird der Teig nicht goldbraun. Wenn man das Öl schon am Anfang reingibt, lässt sich der Teig nicht so gut verteilen. Nach ca. 5 - 8 Minuten kann der Teig gewendet werden und mit der Tomatensoße bestrichen werden. Dann folgen Basilikumblätter und Olivenringe. Danach kleckst man den Cashewkäse gleichmäßig darüber. Noch etwas Öl mit in die Pfanne geben und den Fladen hin und herschieben, damit sich das Öl verteilt. Dann Deckel drauf und 10 - 15 Minuten auf mittlerer Hitze fertig backen. Wenn die Pizza fertig ist, mit Rucola toppen und genießen.

Achtung: Falls Sie eine weitere Pizza machen, muss die Pfanne vorher auskühlen, sonst lässt sich der Teig nicht verteilen. Oder Sie haben eine zweite Pfanne.

TIPP Die Pizza kann man nach Lust und Laune belegen. Gemüsesorten wie Paprika, Zucchini und Zwiebeln sollte man vorher anbraten und dann erst als Belag verwenden.

Pasta mit Walnuss-Hack

FÜR 2 - 3 PERSONEN

Zutaten
1 Tasse Walnüsse
6 getrocknete Tomaten in Öl eingelegt
1 Möhre
1 Knoblauchzehe
1 Zwiebel
1 Stange Sellerie
1/2 Tube Tomatenmark
2 TL Kräuter der Provence (trocken)
1 EL roter Balsamicoessig
1/2 TL Rauchsalz
1 TL Sojasoße (optional)
Prise Pfeffer
2 Tassen Wasser
etwas Petersilie zum Garnieren

Außerdem
Lieblingsnudeln

Tasse = 250 ml

ZUBEREITUNG

Für das Nusshack die Nüsse in einem Frischhaltebeutel oder im Geschirrtuch grob mit einem schweren Gegenstand zerstoßen. Getrocknete Tomaten in Streifen schneiden, danach die Nüsse mit auf das Brett geben und mit einem scharfen Messer so lange zusammen durchhacken, bis eine krümelige homogene Masse entsteht. Wer einen Multizerkleinerer hat, kann das Nusshack auch damit zubereiten.

Jetzt Zwiebel, Möhre und Sellerie in Würfel schneiden und mit etwas Öl in eine Pfanne geben und anbraten. Das Nusshack hinzugeben und kurz weiterbraten. Dann Tomatenmark und alle weiteren Zutaten außer Knoblauch hinzugeben. Mit Wasser ablöschen und den Knoblauch mit einer Presse in die Soße drücken und auf kleiner Hitze ca. 20 - 30 Min. mit verschlossenem Deckel köcheln lassen.

In der Zwischenzeit Lieblingsnudeln nach Packungsanleitung kochen und später mit dem Walnuss-Hack servieren. Noch etwas frisch gehackte Petersilie darüberstreuen, fertig.

TIPP

Diese Soße kann man auch toll für Füllungen (z. B. gefüllte Champignons) benutzen. Hierfür aber weniger Flüssigkeit benutzen.

Mango-Avocado-Salat

auf Süßkartoffel mit Currysoße

FÜR 2 - 3 PERSONEN

Zutaten
Für den Mango-Avocado-Salat
2 Tomaten
1/2 Salatgurke
1 rote Paprika
1 reife Mango
1 große Avocado
2 Frühlingszwiebeln
1/2 Chilischote
(je nach Schärfewunsch)
Saft einer 1/2 Zitrone
2 EL Olivenöl
Prise Salz

Für die Currysoße
2 gehäufte EL Cashewmus
1 guter TL gelbe Currypaste
1 EL Ahornsirup
1 EL Sojasoße
Wasser

Außerdem
1 große Süßkartoffel
oder 2 kleine Süßkartoffeln
Kokosöl zum Braten

ZUBEREITUNG

Für den Salat Tomaten, Gurke und Paprika in kleine Würfel schneiden. Mango schälen und Fruchtfleisch vom Kern abschneiden und ebenso in Würfel schneiden. Avocado halbieren und den Kern herauslösen. Mit einem Esslöffel kann man das Fruchtfleisch aus der Schale lösen, dann würfeln und alle bisher geschnittenen Zutaten in eine Schüssel geben. Nun Frühlingszwiebel in feine Ringe schneiden und die Chilischote fein hacken und ebenso in die Schüssel geben. Jetzt mit Olivenöl, Zitronensaft und Salz verfeinern und alles gut vermischen. Der Salat muss nicht stark gewürzt werden, da später noch die Currysoße das Gericht belebt.

Für die Currysoße Cashewmus, Currypaste, Sojasoße und Ahornsirup in eine Schale geben und gut verrühren. Die Konsistenz ist noch sehr dick. Daher unter stetigem Rühren schluckweise Wasser hinzugießen, bis eine soßige Konsistenz entsteht. Fertig.

Nun die Süßkartoffel schälen und in 0,5 cm dicke Scheiben schneiden. Eine Pfanne mit Kokosöl erhitzen und die Scheiben erst mit Deckel auf mittlerer Hitze braten, bis sie weich werden, dann von beiden Seiten ohne Deckel, damit sie goldbraun werden. Das geht recht schnell. Immer nur so viele Scheiben in die Pfanne legen, dass sie nicht überlappen. Die Scheiben anschließend noch etwas salzen.

Jetzt geht's ans Anrichten. Jede Süßkartoffelscheibe mit dem fruchtigen Salat toppen und mit Currysoße beträufeln.

Mexikanischer Tofuhack-Salat

FÜR ZWEI GROSSE SCHALEN

Zutaten
Für das Tofuhack
ein ganzer Block Tofu (200 g)
1/2 Tube Tomatenmark
1/2 TL dänisches Rauchsalz
1 Prise Chilipulver nach Geschmack
2 TL Paprikapulver edelsüß
1 große Zwiebel
1 Knoblauchzehe
3 EL Mais (aus der Dose)
4 EL Kidneybohnen (aus der Dose)
1/2 Tasse Wasser
Öl zum Braten

Außerdem
2 Salatherzen
1 rote Paprika
7 Cherrytomaten
1/2 Salatgurke
1 Avocado
150 g veganes Crème fraîche (Creme Vega)
1 Knoblauchzehe
Saft einer Zitrone
Prise Salz, Pfeffer
2 EL Öl
Tortilla Chips

Tasse = 250 ml

ZUBEREITUNG

Für das Tofuhack die Zwiebel in feine Würfel schneiden und die Hälfte davon mit Öl anbraten. Die andere Hälfte kommt roh an den Salat. Zu den Zwiebeln in der Pfanne gesellt sich eine Zehe gehackter Knoblauch. Wenn die Würfel goldbraun sind, den Tofu mit in die Pfanne bröseln und alles stramm anbraten. Dann auf mittlere Hitze stellen.

Zwischenzeitlich die Salatherzen in Streifen schneiden und waschen. Tomaten, Gurke, Paprika und Avocado in Würfelchen schneiden. Dabei immer wieder nach dem Tofu schauen.

Wenn der Tofu gut gebraten ist, Tomatenmark dazu geben und gut verrühren. Mit Rauchsalz, Chilipulver und Paprikapulver abschmecken und das Wasser hinzugeben. Alles auf kleiner Hitze weiterbraten, bis sich alle Zutaten gut verbunden haben. Dann noch Mais und Kidneybohnen einrühren und abschmecken.

Das geschnittene Gemüse (außer Avocado) und die restlichen Zwiebelwürfel mit den Salatstreifen vermengen und mit Zitronensaft, Salz, Pfeffer und 2 EL Öl abschmecken.

Nun das vegane Crème fraîche mit Salz und einer gepressten Knoblauchzehe verfeinern. Jetzt den Salat auf zwei große Schüsseln verteilen, mit dem Hack toppen, jeweils mit einem guten Klecks Crème fraîche versehen und Avocadowürfel darüber verteilen. Mit den Tortilla Chips garnieren. Guten Appetit!

Quesadillas

mit Chili sin Carne und veganer „Käsecreme“

FÜR 4 QUESADILLAS

Zutaten
Für das Tofuhack
ein ganzer Block Räuchertofu (200 g)
1/2 Tube Tomatenmark (von einer 200 g-Tube)
1 Prise Chilipulver nach Geschmack
1/2 TL Rauchsalz
Prise Pfeffer
2 TL Paprikapulver edelsüß
1 große Zwiebel
2 Knoblauchzehen
3/4 Tasse Wasser
1 Minidose Mais oder 3 EL
Öl zum Braten

Für die Vegane „Käsecreme“
4 EL Cashewmus
3 EL Hefeflocken
1 TL Senf (mild)
etwas Knoblauchgranulat
Prise Salz
Wasser

Außerdem
4 Vollkorn-Tortilla-Wraps
1 Avocado

Tasse = 250 ml

ZUBEREITUNG

Erst die vegane „Käsecreme“ herstellen. Hierfür alle Zutaten außer Wasser in eine Schale geben und verrühren. Nach und nach kleine Schlückchen Wasser hinzufügen und immer weiterrühren, bis die etwas zähe Konsistenz schön cremig und soßig wird, aber nicht zu soßig.

Für das Tofuhack die Zwiebel und den Knoblauch in feine Würfel schneiden und mit Öl in einer Pfanne anbraten. Wenn die Würfel goldbraun sind, den Tofu mit in die Pfanne bröseln (mit den Fingern zerdrücken, damit die Konsistenz an Hackfleisch erinnert) und alles schön anbraten. Wenn der Tofu Röststellen hat, Tomatenmark und Mais dazu geben und gut verrühren. Mit Rauchsalz, Chilipulver, Paprikapulver und Pfeffer abschmecken und das Wasser hinzugeben. Alles auf mittlerer Hitze weiterbraten, bis sich alle Zutaten gut verbunden haben. Danach die Masse erst mal in eine Schale füllen. Die Avocado von Schale und Kern befreien und in kleine Stücke schneiden.

Nun werden die Tortillawraps befüllt. Die Masse reicht für 8 Dreiecke. Das Tofuhack erst mal vierteln. Nun bereiten wir den ersten Quesadilla zu. Hierfür etwas vegane „Käsecreme“ auf dem ganzen Tortillawrap verteilen, den Tofuhack (1/4 der Masse) jedoch nur auf einer Hälfte des Wraps verteilen, frische Avocadostückchen darauf verteilen und dann den Tortillawrap in der Mitte falten, damit er geschlossen ist. So hat man oben und unten vegane „Käsecreme“ und das Hack und die Avocadostückchen sind in der Mitte. Nun ist es eine Quesadilla. Die Quesadilla in eine Pfanne ohne Öl legen und je Seite auf mittlerer Hitze ca. 5 Minuten braten. Mit den restlichen 3 Tortillawraps genauso fortfahren. Wenn alle fertig sind, kann man jede Quesadilla mit einem scharfen Messer in 2 handgerechte Dreiecke schneiden und genießen. Insgesamt sind es 8 Dreiecke. Dazu passt ein grüner Salat.

Linsenbratlinge

FÜR 6 BRATLINGE

Zutaten
1 Dose braune Linsen
(265 g Abtropfgewicht)
6 EL Haferflocken
3 TL Flohsamenschalen
2 gute EL Paniermehl
1 rote Zwiebel
1 EL Sojasoße
2 EL Olivenöl
2 TL getrockneter
Thymian
2 TL getrockneter
Majoran
Prise Salz
Prise Pfeffer
Öl zum Braten

ZUBEREITUNG

Für die Bratlinge zuerst die Linsen in ein Sieb abgießen und mit Wasser abspülen. In der Zwischenzeit die Zwiebel schälen und in Würfel schneiden. Die Zwiebelwürfel mit Öl in einer Pfanne anbraten.

Dann Haferflocken, Flohsamenschalen, Paniermehl, trockene Gewürze, Kräuter in eine Schüssel geben und verrühren. Wenn die Linsen abgetropft sind, kann man die Linsen auch in die Schüssel geben, ebenso die Röstzwiebeln. Dann nur noch 2 EL Olivenöl und Sojasoße hinzufügen und alles gut durchkneten. Die Linsen sollten etwas zerdrückt werden, damit der Teig sich verbindet. Die Masse ca. 30 Minuten ruhen lassen.

Danach die Bratlinge formen und in einer Pfanne mit Öl ausbacken. Je Seite auf mittlerer Hitze ca. 5 – 8 Minuten. Die Bratlinge schmecken auch noch kalt am nächsten Tag und eignen sich zum Mitnehmen für unterwegs.

TIPP

Die Bratlinge schmecken wunderbar mit dem orientalischen Tomaten-Erdnussdip. Das Rezept dazu finden Sie auf Seite 143.
Dazu passt Kartoffelsalat (Rezept auf Seite 80).

Veganes „ThunVisch"-Sandwich

FÜR 2 SANDWICHS

Zutaten
1 Dose Kichererbsen
(Abtropfgewicht 265 g)
3 Artischockenherzen,
in Salzlake eingelegt
1 TL Kapern
1 Noriblatt
1 TL Cashewmus
1 EL Sojasoße
1 EL Hefeflocken
etwas Abrieb Bio-Zitrone
und 3 TL Zitronensaft
Prise Salz
Prise Pfeffer
5 EL Wasser

Außerdem
4 Scheiben Vollkorntoast
2 Salatblätter
ein paar Zwiebelringe
Tomatenscheiben
Vegane Remoulade
(Wer sie selbst machen
mag: Rezept S. 136)

Die Remoulade ist für dieses
Rezept wichtig.
Sie unterstreicht den
Geschmack!

ZUBEREITUNG

Für den veganen ThunVisch als erstes die Kichererbsen in ein Sieb abgießen, abspülen und abtropfen lassen. Dann die Artischockenherzen abtropfen lassen und in Streifen schneiden. Die Streifen sind schön faserig, ähnlich wie beim Thunfisch. Die Artischockenstreifen nochmal mit dem Messer durchhacken. Dann Sojasoße, Wasser und Zitronensaft in eine Schale geben. Jetzt das Noriblatt rollen, dann in der Mitte falten, damit es handlicher ist. Dort wo es gefaltet ist, festhalten und mit der Schere ein paarmal längs einschneiden, sodass es an einen Besen erinnert. Nun nach und nach kleine Stücke abschneiden, am besten man schneidet das Noriblatt in einer Frischhaltetüte, damit die Stücke nicht durch die Gegend fliegen. Nun die Noriblattstückchen in die Schüssel mit der Flüssigkeit rieseln lassen. Finden Sie Ihre eigene Technik, Hauptsache das ganze Noriblatt ist am Schluss schön klein geschnitten und landet in der Flüssigkeit. Noriblattteilchen mit der Flüssigkeit verrühren und ziehen lassen.

Jetzt die Kichererbsen in einen Teller geben und mit einer Gabel zerstampfen. Einen TL Cashewmus dazugeben und nochmals zerstampfen. Dann die Flüssigkeit mit den eingeweichten Noriblättern unterziehen und wieder zerstampfen. So langsam wird die Kichererbsenmasse schön sämig. Nun Artischockenherzen-Streifen und Kapern unterrühren. Zum Schluss mit Salz, Pfeffer, Hefeflocken und Zitronenabrieb abschmecken. Und jetzt kann man sich ein tolles Sandwich machen. Je Sandwich zwei Toastscheiben in einer Pfanne ohne Öl rösten und danach mit der Remoulade bestreichen. Dann mit dem veganen ThunVisch-Salat, Tomaten, Zwiebelringen und Salatblatt belegen. Und das Sandwich genießen.

TIPP

Der „ThunVisch-Salat" reicht für ca. 4 - 5 Sandwiches. Man kann aber auch vom Rest am nächsten Tag Spaghetti mit Tomaten und der wunderbaren veganen „ThunVisch-Creme" machen.

Radicchio-Pasta

mit Senfsoße und Croûtons

FÜR ZWEI TELLER

Zutaten
250 g-Packung Lieblingspasta
2 Scheiben Brot
1 Zwiebel
1 Radicchio (apfelgroß)
1 guter TL Weizenmehl
2 EL vegane Butter
1 EL Senf (mittelscharf)
1 Tasse Gemüsebrühe
1 Handvoll Petersilie
3 EL Olivenöl
Prise Salz, Pfeffer
1 EL Sojasoße

Tasse = 250 ml

ZUBEREITUNG

Als Erstes Nudelwasser zum Kochen bringen. In der Zwischenzeit Brot in Würfel schneiden und mit 1 Esslöffel Öl kross anbraten. Die Croûtons können dann zur Seite gestellt werden.

Wenn das Nudelwasser kocht, salzen und die Pasta darin garen. 1 - 2 Minuten weniger als auf der Packungsanleitung, da sie in der Soße fertiggaren.

In der Zwischenzeit Radicchio in Stücke schneiden und die Stücke wiederum in Streifen schneiden, die Zwiebel schälen und fein würfeln. Die Radicchiostreifen und die Zwiebelwürfel mit der veganen Butter in einer Pfanne anbraten. Wenn das Gemüse Röstaromen hat, mit einem TL Mehl gleichmäßig bestäuben und das Mehl einrühren. Nun mit der Gemüsebrühe ablöschen und auf mittlerer Hitze köcheln lassen.

Wenn die Nudeln fertig sind, in ein Sieb abgießen. Dann die Petersilie hacken.

Jetzt das Gemüse mit Senf, etwas Salz, Pfeffer und Sojasoße verfeinern. Dann gesellen sich die Nudeln zum Gemüse und werden untergehoben. Petersilie ebenso unterheben und das Gericht mit 2 EL Olivenöl beträufeln und umrühren.

Nun können die Nudeln angerichtet werden. Als knuspriges Topping werden sie noch mit den leckeren Croûtons bestreut. Fertig.

Linsencurry-Eintopf mit Kokosmilch

FÜR EINEN
MITTLEREN TOPF

Zutaten
1 Tasse rote Linsen
(mit 10 Min. Garzeit)
1 Zwiebel
1 Möhre
1 Selleriestange
1 Petersilienwurzel
1 mittelgroße Kartoffel
4 Tassen Wasser
1 Dose Kokosmilch (400 ml)
1 gehäufter EL gelbe
Currypaste
1 TL Salz
2 EL Sojasoße
Prise Pfeffer
etwas Petersilie zum
Bestreuen

Tasse = 250 ml

ZUBEREITUNG

Für die Suppe als Erstes das Gemüse putzen, Kartoffel und Zwiebel schälen. Danach Zwiebel, Möhre, Kartoffel, Petersilienwurzel und Sellerie in kleine Würfelchen schneiden (Kartoffel und Wurzelgemüse max. 0,5 - 1 cm) und mit etwas Öl in einen Topf geben und anbraten. Jetzt die Linsen hinzugeben und kurz weiterbraten. Dann mit Wasser ablöschen, aufkochen lassen und bei verschlossenem Deckel auf mittlerer Hitze ca. 5 Minuten köcheln lassen.

Dann die Currypaste, Salz, Sojasoße und die Kokosmilch einrühren und bei verschlossenem Deckel köcheln lassen, bis alles gar ist. Das sind ca. 7 - 10 Minuten. Die roten Linsen platzen auf, wenn sie gar sind.

Zum Schluss noch mit etwas Pfeffer abschmecken, mit Petersilie bestreuen, warm servieren und genießen.

TIPP

Sie können die Suppe auch mit weiteren Gemüsesorten ergänzen, Brokkoli passt zum Beispiel auch wunderbar.

Filo-Gemüse-Schnecken

FÜR 4 - 5 SCHNECKEN
(je nach Gemüsegröße)

Zutaten
1 Möhre
1 Petersilienwurzel
1 rote Paprika
1 Stange Sellerie
1 Zwiebel
Babyblattspinat (3 Handvoll für die Schnecken, Rest als Salatbett)
1/2 Bund Petersilie
4 gute EL veganes Crème fraîche
Salz nach Geschmack
Pfeffer nach Geschmack
Knoblauchgranulat nach Geschmack
Öl zum Braten

Außerdem
8 - 10 Filoteig-Schichten

TIPP

Statt Spinat kann man auch Rucola verwenden, der schmeckt etwas würziger.

ZUBEREITUNG

Zuerst das Gemüse vorbereiten. Hierfür Möhre, Selleriestange und Petersilienwurzel waschen und in kleine Würfelchen schneiden. Paprika waschen und entkernen und ebenso würfeln. Zwiebel schälen und ebenso in kleine Würfel schneiden. Jetzt den Spinat waschen und abtropfen lassen. Nun eine Pfanne mit Öl erhitzen und die Gemüsewürfel auf mittlerer Hitze anbraten, bis feine Röstaromen entstehen und das Gemüse gar ist. Das Gemüse sollte aber noch Biss haben. Danach drei Handvoll Spinat und gehackte Petersilie unterheben und kurz weiterbraten. Mit Salz, Pfeffer und Knoblauchgranulat abschmecken. Probieren Sie das Gemüse, damit es gut gewürzt ist.

Jetzt wird alles gerollt. Hierfür zwei Teigrohlinge aufeinander legen und im unteren Drittel einen EL Crème fraîche länglich verstreichen aber an den Rändern ca. 2 cm frei lassen. Dann 3 – 4 EL vom Gemüse (die Rollen dürfen nicht zu dick werden, damit man später Schnecken rollen kann) ebenso länglich auf dem veganen Crème fraîche verteilen und dann den Filoteig einrollen. Diese Rolle dann wiederum vorsichtig – nicht zu fest drücken, damit der Teig nicht reißt – zur Schnecke einrollen. Die Schnecke fixieren, z.B. an einen Gegenstand schieben, damit sie nicht aufgeht, und dann 3 – 4 weitere Schnecken herstellen. Falls eine Schnecke etwas aufreißt, kann man sie trotzdem anbraten. Es braucht etwas Gefühl, dann bekommt man den Dreh raus.

Nun eine Pfanne mit Öl erhitzen und die Schnecken von beiden Seiten knusprig anbraten. Vorsicht: Hitze auf mittlere Stufe, sie werden schnell dunkel. Die Schnecken mit den Öffnungen eng zusammenschieben, dann gehen sie nicht auf. Sind sie erst mal angebraten, bleiben sie in der Form. Zum Schluss noch rundum die Seiten etwas anbraten, mit einer Grillzange kann man sie gut greifen. Dann kann man die Schnecken mit dem restlichen Blattspinat genießen, welchen man noch mit Öl, Essig, Salz und Pfeffer mariniert.

Mediterrane Reis-Bratlinge

FÜR CA. 20 STÜCK

Zutaten
1 Tasse Sushi-Reis
1 rote Paprika
1 Zwiebel
5 Oliven
1 EL Tomatenmark
3 EL gehackte Petersilie
1 TL Thymian
1/2 TL Majoran
2 EL Hefeflocken
1 EL Flohsamenschalen
Prise Salz
Prise Pfeffer
Öl zum Braten

Tasse = 250 ml

ZUBEREITUNG

Den Reis in einem Sieb abspülen und anschließend mit 1,5 Tassen Wasser in einem Topf garen: Dazu zuerst den Reis zum Kochen bringen, dann bei verschlossenem Topf 10 Minuten auf mittlerer Hitze köcheln lassen. Danach Hitze abstellen, etwas Salz einrühren und weitere 10 Minuten bei verschlossenem Topf quellen lassen.

Dann das Gemüse schneiden. Paprika waschen, entkernen und in ganz kleine Würfel schneiden. Wirklich nicht zu groß, sonst bröseln die Bratlinge später auseinander. Dann Zwiebel schälen und fein würfeln. Die Oliven ebenso in kleine Würfelchen schneiden und die Petersilie hacken. Eine Pfanne mit Öl erhitzen. Paprika und Zwiebel goldbraun anbraten.

Wenn der Reis gar ist, kann man Tomatenmark, Petersilie, das angebratene Gemüse und die Olivenwürfel gleichmäßig in den Reis einrühren. Die trockenen Zutaten wie Majoran, Thymian, Hefeflocken und Flohsamenschalen zuerst miteinander verrühren und dann ebenso gleichmäßig in den Reis einrühren. Jetzt nochmal mit Salz und Pfeffer abschmecken. Wenn alles gut durchgemischt ist, sollte man den Reis vollständig abkühlen lassen, weil die Masse kalt am besten klebt. Wenn der Reis abgekühlt ist, kann man etwa 20 kleine Bratlinge (ca. 6 cm Durchmesser) formen. Hierfür erst kleine Kugeln formen, diese dann anschließend noch etwas flach drücken. Wenn nötig, den Rand noch etwas andrücken. Sie sind noch etwas weich, durch das Braten werden sie aber fest.

Danach Öl in der Pfanne erhitzen (nicht zu wenig) und die Bratlinge von beiden Seiten knusprig ausbacken.

TIPP

Am nächsten Tag sind sie leider nicht mehr so knusprig, daher empfehle ich, sich nur so viele auszubacken, wie man essen möchte. Den Rest kann man ungebraten im Kühlschrank aufbewahren und am nächsten Tag ausbacken.

Veggie-Döner-Teller

FÜR 2 - 3 PERSONEN

Zutaten
1,5 - 2 Block Räuchertofu (300 g - 400 g)
1/2 Zwiebel
2 Möhren
1 Salatherz
1/2 Gurke
10 Cherrytomaten oder 1 - 2 Romatomaten
400 g Sojajoghurt (ungesüßt)
2 Knoblauchzehen
Prise Salz
Prise Pfeffer
1 TL edelsüßes Paprikapulver
Saft und Abrieb einer 1/2 Bio-Zitrone
2 oder 3 Mini-Fladenbrote
Öl zum Braten und für das Gemüse

ZUBEREITUNG

Zuerst das Gemüse vorbereiten. Hierfür Zwiebel schälen und in feine Ringe schneiden. Möhren waschen und anschließend fein raspeln. Das Salatherz in Streifen schneiden, die Gurke und die Tomaten in Scheiben.

Dann den Dip zubereiten, damit er noch etwas durchziehen kann. Hierfür Sojajoghurt in eine Schale geben, den Knoblauch hineinpressen, Abrieb einer 1/2 Zitrone unterrühren und noch den Saft einer Zitronenhälfte unterrühren. Mit Salz abschmecken. Fertig.

Dann die Tofu-Blocks ganz fein schneiden. Am besten mit einem Gemüsehobel oder einem Sparschäler. Dadurch sind sie nicht zu gleichmäßig geschnitten. Die Tofustreifen in einer Pfanne mit 4 Esslöffeln Öl gut anbraten aber nicht zu knusprig, sonst werden die Streifen zu hart. Zum Schluss noch mit Salz, Pfeffer und Paprikapulver würzen.

Nun erst das Gemüse auf 2 - 3 Tellern anrichten, mit etwas Olivenöl beträufeln und mit etwas Salz und Pfeffer verfeinern. Dann gesellen sich die Tofustreifen hinzu und ein paar Zwiebelringe. Mit reichlich Knoblauch-Sojajoghurtsoße übergießen und genießen. Dazu isst man Fladenbrot.

TIPP

Statt Brot passt auch Reis dazu. Wer mag, kann sein Brot auch mit dem Gemüse und den Tofustreifen befüllen.

Leichte Zitronen-Pasta

FÜR ZWEI PERSONEN

Zutaten
1/2 Packung Spaghetti
(von einer 500 g-Packung)
3 Bio-Zitronen
2 EL Olivenöl
2 EL vegane Butter
3 Knoblauchzehen
eine Handvoll Basilikum
ein paar Zweige frischer Thymian
0,5 - 1 rote mittelscharfe Chilischote
(je nach Schärfewunsch)
Prise Salz
Prise Pfeffer

Tasse = 250 ml

ZUBEREITUNG

Als Erstes das Nudelwasser auf den Herd stellen. In der Zwischenzeit Zitronen waschen und abtrocknen, dann mit einer Reibe rundum den Zitronen-Abrieb (von 3 Zitronen) in eine Schale raspeln. Den Saft von einer 1/2 Zitrone dazupressen. Nicht mehr, sonst wir es zu sauer. Für das Aroma sorgt der Abrieb und da sollte man nicht sparen. Achten Sie aber darauf, nicht das Weiße der Schale zu benutzen.

Wenn das Nudelwasser kocht, kann man die Nudeln ins Wasser geben und diese garen. Verkürzen Sie die Garzeit um ca. 3 Minuten, da sie noch in die Pfanne kommen und dort noch weiterköcheln.

In der Zwischenzeit die Knoblauchzehen schälen und fein hacken. Den Thymian abzupfen und Stile entfernen. Falls sie getrockneten Thymian verwenden, kann die Menge etwas weniger sein. Aber frisch ist besser. Die Chilischote erst entkernen und anschließend in feine Würfelchen schneiden.

Wenn die Nudeln gar sind, in ein Sieb abgießen, aber vorher eine 3/4 Tasse Nudelwasser entnehmen.

Eine Pfanne mit der veganen Butter erhitzen und Knoblauch und Chili in die Pfanne geben. Kurz anbraten, dann die Nudeln mit in die Pfanne geben und gut durchschwenken. Nun kommt der Thymian und der Zitronensaft mit dem Abrieb dazu. Dann noch das entnommene Nudelwasser einrühren, etwas salzen und pfeffern und alles nochmal köcheln lassen. Die Flüssigkeit kann im ersten Moment etwas zu viel wirken, aber die Nudeln saugen das Wasser schnell auf.

Zum Schluss noch 3 EL Olivenöl darüber träufeln, nochmal mit Salz und Pfeffer abschmecken, frisch gehacktes Basilikum unterheben und auf zwei Tellern anrichten.

Klein

gkeiten

Sweet-Chili-Soße

FÜR EIN GLAS

Zutaten

1 Paprika, rot
3 Chilischoten, rot
1 Zwiebel
3 Knoblauchzehen
6 EL Weißwein
6 EL Zucker
2 EL Sojasoße
1 EL roter Balsamicoessig
Prise Salz

ZUBEREITUNG

Als Erstes Paprika entkernen und in kleine Würfel schneiden. Dann Chilischoten entkernen und in feine Würfelchen hacken. Nun Zwiebel und Knoblauch schälen und in kleine Würfel schneiden. Jetzt können alle Zutaten in einen Topf, das Ganze kurz aufkochen und offen etwa 20 - 30 Minuten auf mittlerer Hitze einköcheln. Ab und zu mal umrühren. Noch heiß in ein Glas abfüllen und sofort verschließen.

Remoulade

FÜR EIN KLEINES SCHRAUBGLAS

Zutaten
6 EL Aquafaba (Flüssigkeit von Kichererbsen im Glas/ Dose)
neutrales Öl, z.B. Keimöl (ca. 250 ml, man muss nicht abmessen)
1 TL Senf
1 TL weißer Balsamicoessig
1 TL Kala Namak (indisches Schwefelsalz)
etwas Petersilie (gehackt)
etwas Schnittlauch (gehackt)
etwas Dill (gehackt)

ZUBEREITUNG

Alle Zutaten bei Zimmertemperatur. Das Kichererbsenwasser mit Senf und dem Essig in einen hohen Behälter geben und mit einem Pürierstab gut durchmixen. Nun das Öl im **großzügigen** Strahl nach und nach (nicht zu langsam) während des Mixens dazugießen. Man benötigt reichlich Öl. Die Flüssigkeit wird jetzt immer cremiger. Wenn die Konsistenz passt, ist es genug Öl. Zum Schluss nur noch mit Kala Namak und Kräutern abschmecken und fertig ist die wunderbare Remoulade.

Sesam-Zwiebel-Butter mit Raucharoma

FÜR EIN KLEINES SCHRAUBGLAS

Zutaten
1/2 Block vegane Butter (z.B. Alsan)
3 EL Olivenöl
2 EL hellen oder schwarzen Sesam
1 Zwiebel
1 EL gehackte Petersilie
1/2 - 1 TL Rauchsalz
Prise Pfeffer

ZUBEREITUNG

Als Erstes die vegane Butter aus dem Kühlschrank nehmen. Danach Zwiebel schälen und in feine Würfel schneiden und die Petersilie hacken. Dann den Sesam in einer Pfanne ohne Öl rösten und anschließend zusammen mit der veganen Butter in eine Schüssel geben. Danach das Öl in der Pfanne erhitzen, die Zwiebelwürfel goldbraun rösten und im Anschluss mit dem Öl über die Butter gießen. Jetzt die restlichen Zutaten wie Rauchsalz, Pfeffer und Petersilie dazugeben und mit einer Gabel alles so lange zerdrücken und durchmischen, bis die Masse gleichmäßig ist. Die Butter in eine verschließbare Schüssel geben und im Kühlschrank nochmal aushärten lassen. Danach ist sie auf Brot ein Highlight.

Sweet-Chili-Butter

FÜR EIN KLEINES SCHRAUBGLAS

ZUBEREITUNG

Zutaten
1/2 Block vegane Butter (z. B. Alsan)
3 EL Olivenöl
2 EL Ahornsirup
1/2 – 1 Chilischote (je nach Schärfewunsch)
1 Zwiebel
1/2 - 1 TL Salz
1 TL geräuchertes Paprikapulver (alternativ edelsüßes Paprikapulver)

Als Erstes die vegane Butter aus dem Kühlschrank nehmen. Danach Zwiebel schälen und in feine Würfel schneiden und die Chilischote entkernen und fein hacken. Die Butter in eine Schüssel geben. Das Öl in einer Pfanne erhitzen und die Zwiebelwürfel darin goldbraun rösten, die Chiliwürfel mit in die Pfanne geben und kurz weiterbraten. Zwiebeln und Chili mit dem Öl über die Butter gießen. Jetzt die restlichen Zutaten wie Salz, Paprikapulver und Ahornsirup dazugeben und mit einer Gabel alles so lange zerdrücken und durchmischen, bis die Masse gleichmäßig ist. Die Butter in eine verschließbare Schüssel geben und im Kühlschrank nochmal aushärten lassen.

Orientalischer Tomaten-Erdnuss-Dip

FÜR EIN KLEINES SCHRAUBGLAS

Zutaten
2 gute EL Erdnussbutter
3 gute EL Tomatenmark
1 guter TL Harissapaste
1 EL Sojasoße
2 EL Ahornsirup
1 EL Balsamicoessig
schlückchenweise Wasser

ZUBEREITUNG

Für den aromatischen Dip alle Zutaten außer Wasser in eine Schale geben und verrühren. Nach und nach kleine Schlückchen Wasser hinzufügen und immer weiterrühren, bis die etwas zähe Konsistenz schön cremig wird.

TIPP

Schmeckt super zu warmem Fladenbrot, aber auch zu Linsenbratlingen und Reisgerichten.

Tapenade

FÜR EIN GLAS

Zutaten
170 g (1 Glas) grüne Oliven oder schwarze Oliven, entsteint
1 EL Cashewmus
1 Knoblauchzehe, geschält
3 EL Olivenöl
Prise Pfeffer

ZUBEREITUNG

Die Oliven in einem Sieb abtropfen lassen und danach mit allen weiteren Zutaten in ein hohes Gefäß geben und gut durchpürieren. Abschmecken. Fertig.

Schmeckt toll auf Brot, gemischt mit Pasta oder zu Kartoffeln. Ein blitzschnelles, einfaches und superleckeres Rezept.

Kräuterdip + Zitronendip

FÜR EINE KLEINE SCHALE KRÄUTERDIP

Zutaten
1 Becher veganes Crème fraîche (150 g, z.B. Creme Vega)
Prise Salz
etwas gehackte Petersilie
etwas gehackten Dill
etwas gehackten Schnittlauch

Optional
etwas Knoblauch

ZUBEREITUNG

Schnittlauch, Petersilie und Dill fein hacken. Dann das vegane Crème fraîche in eine Schale geben und mit Salz abschmecken. Zum Schluss die Kräuter unterrühren und schon ist der Dip fertig. Wer mag, kann noch etwas frischen Knoblauch dazugeben oder Knoblauchgranulat.

FÜR EINE KLEINE SCHALE ZITRONENDIP

Zutaten
5 EL Sojajoghurt
Abrieb einer Bio-Zitrone
Prisc Salz
eine Prise Chiliflocken (nicht zu viel)
1 TL Olivenöl

ZUBEREITUNG

Den Sojajoghurt in eine Schale löffeln. Dann den Bio-Zitronenabrieb dazu reiben. Der intensive Geschmack der Zitrone sorgt dafür, dass der Sojageschmack, den nicht jeder mag, nicht so stark durch kommt und verleiht dem Dip eine schöne Frische. Den Saft der Zitrone **nicht** benutzen, sonst wird der Dip zu dünn. Danach die restlichen Zutaten einrühren und fertig ist der Dip. Wenn man ihn eine Stunde durchziehen lässt, schmeckt er noch feiner.

Currysoße

FÜR EINE KLEINE SCHALE

Zutaten
5 EL Sojajoghurt
1 TL Currypulver
1/2 TL gelbe Currypaste
1/2 TL Salz
1 EL Ahornsirup

ZUBEREITUNG

Alle Zutaten in eine Schale geben und gut verrühren, bis die Masse glatt ist. Wenn die Soße etwas durchgezogen ist, entfalten sich die Aromen und sie schmeckt noch besser.

Süße Senfsoße + BBQ-Soße

FÜR EINE KLEINE SCHALE SENFSOSSE

Zutaten
5 EL Sojajoghurt
2 EL milder Senf
1/2 TL Salz
1 EL Ahornsirup

ZUBEREITUNG

Alle Zutaten in eine Schale geben und gut verrühren, bis die Masse glatt ist. Wenn die Soße etwas durchgezogen ist, entfalten sich die Aromen und sie schmeckt noch besser.

FÜR EINE KLEINE SCHALE BBQ-SOSSE

Zutaten
1 Tasse Apfelsaft
1/2 Tube Tomatenmark
1 TL Curry
1 TL dänisches Rauchsalz (z. B. Achterhof)
1 TL Paprikapulver
1 - 2 EL Ahornsirup
etwas Chilipulver
1 EL Öl

ZUBEREITUNG

Öl erhitzen und das Tomatenmark in die Pfanne geben, kurz anbraten, anschließend mit Apfelsaft aufgießen und köcheln lassen. Nun mit Rauchsalz, Chilipulver, Paprikapulver und Ahornsirup abschmecken und die Soße etwas einköcheln lassen. Falls sie zu dünn ist, noch etwas Tomatenmark einrühren. Die Soße von der Hitze nehmen und den Curry einrühren.

Süße Kokos-Klebereisbällchen

mit Erdbeerragout

FÜR CA. 24 BÄLLCHEN

Zutaten
Für die Klebereisbällchen
1 Tasse Sushi-Reis
4 EL Kokosflocken
1,5 Tassen Haferdrink
6 EL Ahornsirup

Für das Erdbeerragout
ca. 15 - 20 Erdbeeren
ca. 3 EL Ahornsirup
(je nach Süßewunsch)
ein Spritzer Zitronensaft

Außerdem
1 Teller Kokosflocken zum Ummanteln

Tasse = 250 ml

ZUBEREITUNG

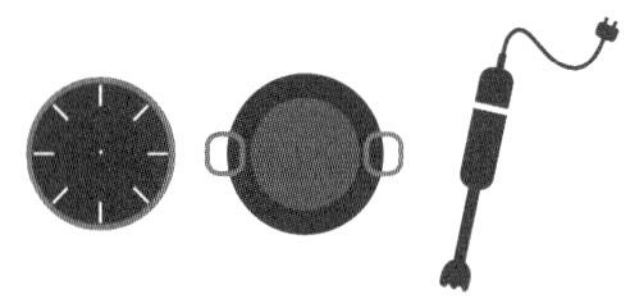

Zuerst den Klebereis in einem Sieb gut abspülen. Dann mit allen weiteren Zutaten im Topf kurz aufkochen und auf kleiner Hitze im verschlossenen Topf 20 Minuten köcheln lassen. Danach ohne zusätzliche Hitze 20 Minuten im verschlossenen Topf ziehen lassen. Dann Deckel öffnen, gut umrühren und den Reis **ganz** abkühlen lassen. Wenn der Reis kalt ist, kann man ihn zu Bällchen formen. Die Bällchen zum Schluss noch in den Kokosflocken zum Ummanteln wenden.

Für das Ragout ca. 12 Erdbeeren, Zitronensaft und Ahornsirup mit dem Pürierstab durchmixen, restliche Erdbeeren in kleine Würfel schneiden und unter die Erdbeersoße heben. Die Soße ist nicht sehr süß, wer mag, kann nach Belieben nachsüßen. Das fruchtige Ragout zusammen mit den Bällchen servieren.

TIPP

Die süßen Bällchen schmecken auch zu Obstsalat.
Wer ein optisch tolles Dessert mag, kann die Bällchen länglich wie Sushi formen, mit verschiedenen Obstscheibchen (Ananas, Mango, Erdbeeren, Orange) verzieren und dazu eine Vanillesoße reichen.

Süße Powerbällchen

2 Varianten - ohne Mixer

FÜR 10 SCHOKO-BÄLLCHEN

Zutaten
6 EL gemahlene Haselnüsse
1 EL Chiasamen
4 EL gepufftes Amaranth
1 EL Back-Kakao
1 TL Zimt
2 EL Erdnussbutter
1 EL Kokosöl
4 EL Ahornsirup

ZUBEREITUNG

Die Bällchen bereitet man am besten am Abend zu, damit sie über Nacht schön durchkühlen. Für die Bällchen erst alle trockenen Zutaten vermengen, dann die flüssigen und cremigen Zutaten dazugeben. Alles mit den Händen gut durchkneten, bis ein Teig entsteht. Der Teig ist noch etwas weich, daher den Teig ca. 15 Minuten ruhen lassen. Dann 10 Bällchen rollen und über Nacht in den Kühlschrank stellen. Am nächsten Morgen sind sie schön fest, erfrischend kühl, zart und lecker.

FÜR 10 MANDEL-KOKOS-BÄLLCHEN

Zutaten
6 EL gemahlene Mandeln (blanchiert)
1 EL Chiasamen
4 EL gepufftes Amaranth
2 EL Kokosraspeln
2 EL weißes Mandelmus oder Cashewmus
1 EL Kokosöl
1 TL Vanilleextrakt
4 EL Ahornsirup

ZUBEREITUNG

Die Bällchen bereitet man am besten am Abend zu, damit sie über Nacht schön durchkühlen. Für die Bällchen erst alle trockenen Zutaten vermengen, dann die flüssigen und cremigen Zutaten dazugeben. Alles mit den Händen gut durchkneten, bis ein Teig entsteht. Der Teig ist noch etwas weich, daher den Teig ca. 15 Minuten ruhen lassen. Dann 10 Bällchen rollen und über Nacht in den Kühlschrank stellen. Am nächsten Morgen sind sie schön fest, erfrischend kühl, zart und lecker.

TIPP

Die Nusssorten und Gewürze können variieren. Seien Sie gerne kreativ und abwechslungsreich.

Schoko-Bananen-Quesadilla

mit Erdbeermarmelade

PRO QUESADILLA

Zutaten
1 gehäufter EL Erdnussbutter
1 EL Ahornsirup
1 TL Kakao
1 EL Wasser
0,5 Banane
1 EL vegane Erdbeermarmelade

Außerdem
1 Tortilla

ZUBEREITUNG

Zuerst Erdnussbutter, Ahornsirup, Kakao und Wasser in eine kleine Schale geben und zu einer Creme verrühren. Das wird die Schokocreme.

Dann die Banane in Scheiben schneiden. Nun die Schokocreme komplett auf der Tortilla verteilen und glatt streichen, den Rand ca. 2 cm frei lassen. Danach eine Hälfte mit den Bananenscheiben belegen und ein paar Kleckse Marmelade darauf verstreichen.

Jetzt die Tortilla in der Mitte falten, damit sie geschlossen ist. Nun ist es eine Quesadilla. Die Quesadilla in eine Pfanne ohne Öl legen und jede Seite auf kleiner Hitze ca. 5 Minuten braten.

Nun kann man die Hälfte in der Mitte in zwei handliche Dreiecke schneiden und genießen.

TIPP

Wer gegen Erdnüsse allergisch ist, kann die Erdnussbutter auch durch Cashew- oder Mandelmus ersetzen. Haselnussmus passt auch.

Apfeltaschen aus der Pfanne

FÜR 8 TEILCHEN

Zutaten
2 Äpfel
2 EL Rosinen
3 EL gehackte Mandeln
2 EL Zucker
1 TL Zimt
1 EL Alsan (vegane Butter)

Außerdem
1 Rolle Blätterteig (vegan)
neutrales Öl

ZUBEREITUNG

Als Erstes die Äpfel schälen und entkernen. Dann in kleine Würfel schneiden. Die Pfanne mit Alsan erhitzen, die Apfelwürfel in die Pfanne geben und auf mittlerer Hitze andünsten. Nun mit dem Zucker überstreuen und weiter dünsten. Danach folgen die Rosinen und die gehackten Mandeln. Das Ganze mit Zimt verfeinern und die Hitze abdrehen. Die Füllung kann nun in einem Teller etwas abkühlen, damit sie beim Befüllen nur noch lauwarm ist.

Zwischenzeitlich kann man die Pfanne spülen.

Nun den Blätterteig aufrollen und in 8 gleich große Rechtecke schneiden. Auf jedes Rechteck gibt man einen guten EL Füllung, und zwar auf eine Hälfte des Rechtecks. Am Rand sollte man ca. 1 cm freilassen, damit man sie gut verschließen kann. Wenn jedes Rechteck befüllt ist und man noch Masse übrig hat (kann je nach Apfelgröße variieren), dann verteilt man den Rest gleichmäßig. Die Rechtecke zuklappen und die Ränder mit einer Gabel eindrücken und somit verschließen.

Jetzt gießt man reichlich Öl in eine Pfanne, ca. 1 cm hoch, und erhitzt es. Auf mittlere Hitze runterdrehen und erst mal ein Teilchen probieren, falls das Fett zu heiß ist, wird es schnell zu dunkel. Dann kann man die Hitze noch regulieren. Nun immer zwei Teilchen von beiden Seiten ausbacken, das geht recht schnell, und auf ein Küchenpapier legen. Das Ganze wiederholen, bis alle Teilchen fertig sind.

Die Apfeltaschen gehen ganz leicht und schnell, man muss nur mit dem heißen Öl etwas aufpassen.

Panna Cotta mit Mango

FÜR DREI GLÄSER

Zutaten
2 Pack Sojasahne
(500 ml insgesamt)
1 TL Vanilleextrakt
1 Päckchen Vanillezucker
3 EL Rohrzucker
4 TL Agartine

Für das Mangotopping
1 Mango
1 - 2 EL Agavendicksaft
(oder nach Geschmack)
1 - 2 TL Zitronensaft

ZUBEREITUNG

Die Sojasahne mit dem Zucker, dem Vanillezucker und dem Vanilleextrakt in einen Topf geben. 4 Teelöffel Agartine hinzufügen und nun alles mit einem Schneebesen unter Rühren zum Kochen bringen. Hitze reduzieren und unter Rühren weitere 5 Minuten köcheln lassen. Anschließend die Vanillemasse in kleine Schälchen füllen und etwas abkühlen lassen. Danach die Schälchen für ca. 1 - 2 Stunden in den Kühlschrank stellen, damit die Masse fest wird.

Und nun zum Topping: Hierfür die Mango schälen, das Fruchtfleisch vom Kern abschneiden und in ganz kleine Würfel schneiden. Die Würfel in eine Schale geben und mit Zitronensaft und Agavendicksaft abschmecken.

Wenn die Panna cotta abgekühlt ist, kann man sie zusammen mit dem Mangotopping genießen.

TIPP

Statt Mango passen auch Himbeeren, Erdbeeren oder Ananas dazu.

Gefüllte Erdnussbutter-Pralinen

FÜR 10 TEILE

Zutaten
10 Medjool Datteln
ca. 10 TL Erdnussbutter
geröstete & gesalzene Erdnüsse
vegane Zartbitterkuvertüre

ZUBEREITUNG

Für die Pralinen die Datteln längs aufschneiden, sodass man sie weit öffnen kann, sie aber noch an einem Stück bleiben. Nach dem Aufschneiden den Kern rausnehmen.

Nun befüllt man die Datteln mit der Erdnussbutter. Am besten geht das mit einem Streichmesser. Je Dattel ca. 2 gute Messerspitzen in die Mitte der Dattel einarbeiten und dann die Dattel wieder etwas zusammendrücken. Wenn sie etwas offen bleibt, ist es nicht schlimm.

Jetzt je Dattel 2 Erdnüsse in die Erdnussbutter drücken.

Dann kann man sich um die Kuvertüre kümmern. Die Kuvertüre im Wasserbad schmelzen. Anschließend jede Dattel mit 2 Gabeln in der Schokolade wenden und zum Abtropfen auf ein Gitter legen.

Nun noch einen EL Erdnüsse in einen Gefrierbeutel geben oder in ein Geschirrtuch und mit einer Tasse die Nüsse zerstoßen. Die Nusskrümel über die noch feuchten Datteln streuen und die Datteln ruhen lassen, bis die Schokolade wieder fest ist. Fertig.

Picknick-Inspirationen

Noel liebt Picknick. Ohne Zeitdruck einfach die Seele baumeln lassen und dabei schlemmen. In unseren Picknick-Korb packen wir gerne Sachen ein, die sich gut transportieren lassen und nicht matschig werden. Zum Teil wählen wir Gerichte aus, die sich schon am Vortag gut zubereiten lassen.

Picknick-Inspirationen auf der folgenden Seite ...

8
10
9
7
6
2
5
3
1
4

Das packen wir ein

PICKNICK-VORSCHLAG

Neben leckerem Essen und Getränken haben wir Gläser mit Deckeln, Teller, Besteck, Servietten, ein scharfes Messer, eine gemütliche Picknick-Decke und ein Geschirrtuch dabei. Dann kann nach Lust und Laune geschlemmt werden.

1 Tortilla-Chips zum Dippen
2 Tomaten-Gurkensalsa (Rezept Seite 84)
3 Guacamole (Rezept Seite 84)
4 Schneller Asia-Salat (Rezept Seite 71)
5 Mediterrane Reis-Bratlinge (Rezept Seite 126)
6 Tofuwürfel im Feta-Style, Zubereitung am Vortag möglich (Rezept Seite 83)
7 Fruchtiger Karottensalat, Zubereitung am Vortag möglich (Rezept Seite 67)
8 Kanarische Kartoffeln, Zubereitung am Vortag möglich (Rezept Seite 98)
9 Mojo Rojo, Zubereitung am Vortag möglich (Rezept Seite 98)
10 Sesam-Zwiebelbutter, Zubereitung am Vortag möglich (Rezept Seite 139)

Außerdem
Brot
Obst
und Getränke

Wandern – und was ist im Rucksack?

Wir sind viel unterwegs. Wandern ist unsere Leidenschaft. Zum Glück macht es Noel auch großen Spaß. Er ist es von klein auf gewohnt und schafft auch schon passable Strecken. Wir achten darauf, dass die Strecken kinderfreundlich sind und es viel zu entdecken gibt, dann wird es auch nicht langweilig.

Pausen mit leckeren Snacks dürfen da natürlich nicht fehlen. Doch was packt man ein? Schnell muss es gehen. Keine langen Zubereitungszeiten, man will ja los. Es darf auch nicht zu schwer sein, man muss den Rucksack ja schließlich schleppen. Und die Snacks sollten uns mit viel Energie versorgen, die braucht man beim Wandern reichlich.

Von Vorteil ist, dass vegane Lebensmittel nicht so leicht verderben. Auf der folgenden Seite zeige ich ein paar Beispiele, was bei uns im Rucksack landet. Vielleicht sind ein paar Ideen für Sie dabei.

TIPP

Neben Essen und Trinken haben wir auch immer eine leichte, kleine Picknick-Decke dabei, ein Klappmesser, 3 Gabeln und ein Geschirrtuch. Wenn der Tisch am Picknick-Platz nicht so sauber ist, ist ein Geschirrtuch, um die Lebensmittel daraufzulegen, super.

Ein guter Rucksack ist ebenfalls wichtig. Wir haben welche, die man auch um den Bauch fixieren kann, das entlastet die Schultern.

Das packen wir ein

BEISPIEL 1

1 Studentenfutter
2 Obst (Bananen, Äpfel usw.)
3 Brötchen mit Lieblingsaufstrich / Belag
4 eine Tupperschüssel mit Cherrytomaten, geschnittenen Gurken und Oliven (was Frisches ist immer dabei)
5 Wasser

BEISPIEL 2

1 selbstgemachte Energiebällchen (Rezept S. 157, sollte man am Vortag machen)
2 Kichererbsensalat (der geht schnell, Rezept S. 75)
3 Gemüsesticks mit Dip (Rezept S. 147)
4 Brötchen mit Lieblingsaufstrich / Belag
5 selbstgemachter Eis-Tee

BEISPIEL 3

1 Frucht- oder Nussriegel
2 Obstsalat
3 Linsenbratlinge (Rezept S. 117, kann man am Vortag machen)
4 Grillgemüse in Kräutermarinade – schmeckt toll zu Brot (kann man am Vortag machen)
5 Zitronenwasser

Leichtes Gepäck

Die Leichtigkeit des Vanlife fasziniert mich zutiefst. Viele Menschen besitzen so viel, dass der Besitz zu einer Last wird. Doch wenn man mit dem Campingbus unterwegs ist, nimmt man nur das mit, was wirklich notwendig ist. Man reist gewissermaßen mit leichtem Gepäck. Bei unserer ersten Reise hatten wir viel zu viel dabei. Zu viele Schuhe, zu viele Kleidungsstücke und unnötigen Kram, den wir eigentlich nicht benutzten. Doch bei der nächsten Reise hatten wir bereits deutlich weniger mitgenommen und fühlten uns damit wesentlich wohler. Denn beim Reisen zählt vor allem das Erlebnis, nicht der Besitz.

TIPP

Praktisch ist es, bestimmte Gegenstände doppelt zu haben und diese im Bus zu lassen, um sich nicht ständig daran erinnern zu müssen, sie einzupacken. Hierzu gehören beispielsweise Zahnbürste, Zahnpasta, Shampoo, Seife, Duschgel, Kosmetikartikel, Bürste, Fön, Handtücher und Geschirrtücher. Auf diese Weise reduziert sich das Einpacken auf nur wenige Kleidungsstücke und Schuhe, und man kann sofort losfahren.

Was bleibt

In unserer Konsumgesellschaft fällt mir manchmal auf, wie überfüllt manche Kinderzimmer sind. Als ich ein Kind war, bekam ich zu Ostern oder Nikolaus etwas Schokolade. Heutzutage wird jedoch viel mehr aufgefahren. Manchmal gebe ich auch nach, wenn ich mit Noel einkaufen gehe, und er darf sich etwas zum Spielen aussuchen. Natürlich liebe ich Noel und möchte, dass er glücklich ist. Das wünschen sich alle Eltern. Doch oft merkt man, dass das heißbegehrte Spielzeug nur für kurze Zeit interessant ist und am nächsten Tag schon bedeutungslos wird.

Matthias erzählt mir oft von seiner Kindheit. Er war viel mit Oma und Opa unterwegs. Sie hatten einen Hund und verbrachten viel Zeit im Wald. Sein Opa zeigte ihm, wie man schnitzt, und manchmal bauten sie kleine Häuschen im Wald. Matthias denkt gerne an diese Zeit zurück. Er sagt immer: „Inka, Geschenke sind nicht so wichtig. Lass uns lieber eine gute Zeit mit Noel haben. Das ist es, woran er sich später erinnern wird.“ Und ich glaube, Matthias hat recht. Wir hoffen, dass Noel, wenn er erwachsen ist, gerne an die schönen Momente mit uns zurückdenkt und später selbst gerne Zeit mit seiner Familie in der Natur verbringt.

Schlusswort

Wir hoffen, dass Ihnen dieses Buch gefallen hat und wir Sie ein bisschen inspirieren konnten. Nicht nur mit dem Essen, sondern auch mit unserem Lifestyle.

Uns ist durchaus bewusst, dass im Leben nicht alles Dolche Vita ist, aber man kann sich bewusst dafür entscheiden, auch die kleinen Momente im Leben voll auszukosten. In einer Zeit voll Reizüberflutung durch Radio, Handy, TV und Computer tut es einfach gut, mal innezuhalten und unsere wundervolle Natur zu genießen. Oder sich einfach gemütlich bei entspannter Musik und einem Glas Rotwein was Schönes zu kochen. Ich weiß, die meisten von uns kochen jeden Tag, aber ich meine das Kochen mal ganz bewusst zu zelebrieren und nicht schnell nebenbei.

Genuss ist für uns nicht nur gutes Essen – so oft wie möglich machen wir unseren Bus startklar und brechen aus dem Alltag aus. Das muss nicht immer gleich eine Fernreise sein, das lassen leider auch unsere Jobs nicht zu. Wir freuen uns genauso auf kleine Wochenendausflüge und gehen gerne wandern. Das Highlight für unseren Sohn ist immer ein Picknick, das nie ausbleiben darf. Es gibt so viel zu entdecken, sicher auch in Ihrer Nähe. Die Welt wartet draußen auf Sie – verpassen Sie sie nicht, sie ist wundervoll.

INKA, MATTHIAS & NOEL

MEHR VON UNS UNTER:

- www.youtube.com/@genussnomaden2017
- www.genuss-nomaden.de
- www.facebook.com/genussnomaden/
- www.instagram.com/genussnomaden/
- www.bvegan-kochworkshops.de

STAY

Hat Ihnen das Buch gefallen?

Vielen Dank, dass Sie mein Buch gelesen haben. Ich hoffe sehr, dass ich Ihnen etwas mitgeben und Sie unterstützen konnte. Wenn es Ihnen gefallen hat, würde ich mich sehr freuen, wenn Sie ihm bei dem Online-Shop eine Bewertung geben, bei dem Sie es bestellt haben. Oder Sie schreiben bei einem Ihrer Lieblings-Buchportale eine Rezension.

Ihre Meinung zu meinem Buch ist mir sehr wichtig und eine kleine Anerkennung für meine Arbeit. Außerdem hilft es mir, neue Leser für meine Bücher zu finden.

Vielen Dank für Ihre Unterstützung!

KAMPENWAND
VERLAG

Dokumentation, Bildband, Kochbuch und Reiseführer

Heimatbuch

ISBN: 978-3986600563

www.kampenwand-verlag.de

33 Originalrezepte von Oma Lisbeth

Kochbuch

ISBN: 978-3964438027

www.kampenwand-verlag.de